Nickolas Emrich

GIER NACH PRIVILEGIEN

Warum uns die Politik in eine Sackgasse führt

NICKOLAS EMRICH
GIER NACH PRIVILEGIEN

Warum uns die Politik in eine Sackgasse führt

FBV

Bibliografische Information der Deutschen Nationalbibliothek
Die Deutsche Nationalbibliothek verzeichnet diese Publikation in der Deutschen Nationalbibliografie. Detaillierte bibliografische Daten sind im Internet über https://dnb.de abrufbar.

Für Fragen und Anregungen
info@m-vg.de

Wichtiger Hinweis
Ausschließlich zum Zweck der besseren Lesbarkeit wurde auf eine genderspezifische Schreibweise sowie eine Mehrfachbezeichnung verzichtet. Alle personenbezogenen Bezeichnungen sind somit geschlechtsneutral zu verstehen.

Originalausgabe
2. Auflage 2024
© 2024 by Finanzbuch Verlag, ein Imprint der Münchner Verlagsgruppe GmbH
Türkenstraße 89
80799 München
Tel.: 089 651285-0

Alle Rechte, insbesondere das Recht der Vervielfältigung und Verbreitung sowie der Übersetzung, vorbehalten. Kein Teil des Werkes darf in irgendeiner Form (durch Fotokopie, Mikrofilm oder ein anderes Verfahren) ohne schriftliche Genehmigung des Verlages reproduziert oder unter Verwendung elektronischer Systeme gespeichert, verarbeitet, vervielfältigt oder verbreitet werden. Wir behalten uns die Nutzung unserer Inhalte für Text und Data Mining im Sinne von § 44b UrhG ausdrücklich vor.

Redaktion: Anne Büntig
Korrektorat: Anke Schenker
Umschlaggestaltung: Marc-Torben Fischer
Umschlagabbildung: Adobe Stock
Satz: Carsten Klein
Druck: CPI books GmbH, Leck
Printed in Germany

ISBN Print 978-3-95972-782-2
ISBN E-Book (PDF) 978-3-98609-529-1
ISBN E-Book (EPUB, Mobi) 978-3-98609-530-7

Weitere Informationen zum Verlag finden Sie unter
www.finanzbuchverlag.de
Beachten Sie auch unsere weiteren Verlage unter www.m-vg.de

Inhalt

Geleitwort 9

Einführung 13

I. Die Gesellschaft der Privilegierten 17
   Unser ambivalentes Verhältnis zu Privilegien 17
   Wie uns die Politik zu bestechen versucht: Das Prinzip
   der kleinen Geschenke 19
   Privilegien schlagen Kompetenz, Fleiß und harte Arbeit 23
   Ein »kleiner« Blick auf unsere Gesellschaft 26
   Die Geschichte von Robin Hood 28
   Der Unterschied zwischen privaten und staatlichen
   Privilegien 29
   Die Kehrseite der Privilegien 31

II. Die Privilegien der Wirtschaft 33
   19 Prozent Rabatt auf alles – außer Tiernahrung 33
   Das Spiel der Unternehmer – bücken lohnt sich 34
   Ein komplexes Konstrukt aus Regeln und Ausnahmen
   nützt denen, die es kennen 35
   Staatliche Subventionen – nicht bestellt und trotzdem
   abgeholt 38
   Konzerne sind wie kleine Staaten 40
   Der Grund für Lobbyismus liegt im System 43
   Staatlich geschützte (Berufs-)Gruppen 47

III. Die Privilegien anderer Interessengruppen 53

Der unverstandene Unterschied zwischen Positionen
und Interessen 53

Gewerkschaften und Arbeitgeberverbände brauchen sich
wie Tom und Jerry – und agieren genauso vorhersehbar 55

Arbeitnehmer in großen Konzernen und staatsnahen
Unternehmen 59

Die regierungsnahen Nicht-Regierungsorganisationen (NGOs)
und ihre Freunde 63

Mit Gottes und mit Staates Hilfe – die Privilegien
der Kirchen 66

Die Krone der Schöpfung: Das deutsche Parteiwesen 67

Parteinahe Stiftungen – Nachwuchsförderung auf Kosten
des Gemeinwohls 70

IV. Die Privilegien des Staates 73

Die ungeheure Macht, einfach entscheiden zu dürfen 73

Die Befugnis zur ungezügelten Expansion 83

Das Privileg, nicht effizient arbeiten zu müssen 88

Privilegien im Dienste des Staates 92

Die Gegenwart auf Kosten der Zukunft retten 103

Diplomaten – die Nullen im Straßenverkehr 107

Der teuerste Rundfunk der Welt 109

V. Die Privilegien der Politik 115

Gutes tun mit dem Geld anderer Menschen 115

Keine Mindestqualifikation, kein Einstellungstest und kein
Praxisbeweis 121

Das Privileg, entscheiden zu dürfen – auch ohne Kenntnis
und Betroffenheit 126

Über das eigene Gehalt bestimmen dürfen und dabei
gut aussehen 132
Fast Track in der Besoldung – ohne Umweg an die Spitze 142
Das Privileg der dummen Vorschläge 145
Das Privileg der fehlenden Haftung 150

VI. Die Privilegien der Unprivilegierten 155
Sozialrecht einfach erklärt 155
Kleine Geschenke aus der Gießkanne 162
Mieter mit Heiligenschein 166
Einzelne Gruppen, die der Politik Aufmerksamkeit bringen ... 175
Ablenkung und Aufmunterung für Familien und Rentner 184
Bildung und Gesundheit für alle 188
Der Mindestlohn-Arbeiter 194

VII. Die wirklich Unprivilegierten 199
Menschen in Notlagen 199
Die Brutto-Netto-Lüge – der dumme Lohnarbeiter 202

Fazit: Politik ist das Problem, nicht die Lösung 209

Ich danke herzlich Prof. Dr. Oliver Pott, der mich auf dem Weg zu diesem Buch begleitet hat und mit dem ich Konzepte, Systeme und Ideen nicht nur zur Buchplanung, sondern auch zu Vermarktungsstrategien besprechen konnte.

Geleitwort

Dieses Buch zeigt in eindrucksvoller Weise, wie aus dem Rechtsstaat – die große Errungenschaft der liberalen Epoche: »Alle Menschen sind vor dem Gesetz gleich«, es gibt keine politischen Privilegien – nicht mit einem Schlag, sondern in vielen großen und kleinen Schritten und mit häufig seltsamen Begründungen ein neomittelalterlicher Privilegienstaat geworden ist. Auch im mittelalterlichen Staat gab es keine Rechtsgleichheit, sondern einen fein abgestuften, kaum noch überschaubaren Komplex aus Sonderrechten. Politik bestand aus einem ständigen Kampf um diese rechtlichen Bevorzugungen. *Monstro simile* – einem Ungeheuer ähnlich – beschrieb damals Samuel von Pufendorf das Deutschland seiner Zeit. Je nach politischer Durchsetzungsmacht, zur Not auch mit Gewalt, beherrschten ständische Körperschaften wie die Aristokratie (in sich wieder abgestuft), Bürger und Städte (dito), auch Bauernschaften, zudem hierokratische Gebilde (Priesterstaaten) die Szene. Heute sind dies politische Körperschaften (Regierung, Bürokratie, Parteien) und Verbände aller Art, auch öffentliche und private Unternehmen, die miteinander um einen Sonderanteil am Sozialprodukt oder um Vorrechte kämpfen. Einen Rechtsstaat im liberalen Sinn haben wir nicht mehr oder allenfalls noch in formaler Hinsicht (alles auf »legalem« Wege, ohne offene Gewalt). An der Spitze stehen eine Regierung und die regierenden Parteien, welche die Macht haben, sich selbst und ihr Ausführungsorgan, die Bürokratie, sowie öffentliche Unternehmen zu privilegieren. Hinzu kommen die diversen Interessenverbände, »pressure groups«, die durch Lobbying und Druck auf die Exekutive sich kaum mehr überschaubare Vorteile sichern. Von der Interessentenanarchie sprachen die Ordoliberalen ihrer Zeit, an der Spitze ein Mann wie Ludwig Erhard. Es war und ist das zentrale Anliegen liberaler Ordnungspolitik, deren Macht zurückzudrängen. Politik ist heute vor allem ein Verteilungskampf mit der Frage: »Wer wie viel«?

Noch mehr Umverteilungspolitik ist nach Meinung des Autors keine Lösung. Die Politik selber ist das Problem. Also heißt die Lösung: weniger Politik mit entsprechendem Rückzug des Staates, der Rückgabe von Verantwortlichkeit und Mitteln an die Privatgesellschaft und die Märkte. Dies war die Parole von Erhard, Reagan, Thatcher und der neuseeländischen Reformer, heute des neuen argentinischen Staatschefs Javier Milei, dessen radikale, aber erfolgreiche Parolen freilich auch belegen, wie weit eine Gesellschaft durch Inflation und Fiskalsozialismus heruntergekommen sein muss, bis sie auf solche vernünftigen Konzeptionen hört (womit aber deren Erfolg noch nicht verbürgt ist, da bereits so viele Bürger vom Staat abhängen).

Der besondere Vorzug dieses Buches ist die enorme Detail- und Hintergrundkenntnis des Autors, der sich seine Kenntnisse nicht allein aus der liberal-libertären Theorie wie die meisten kritischen Autoren, sondern aus unmittelbarer Anschauung als Jurist, Politiker, Polizist (!) und Unternehmer gezogen hat. Er hat sich als Unternehmer eine Unabhängigkeit verschafft, die ihm die Abfassung eines solchen imposanten Buches ökonomisch und zeitlich ermöglichte. Es gibt viele glänzende Kritiker von Staatsbürokratie, Wohlfahrtsstaat und Staatswirtschaft – von Mises und

Hayek, über Röpke und Eucken bis zum unvergesslichen Wolfram Engels oder in unseren Tagen Rainer Zitelmann –, aber nur wenige, die wie Nickolas Emrich eigene Anschauung und eigenes Erleben mit klarem theoretischen Hintergrund verbinden. Dieses Buch ist ein Glücksfall, dem man jeden Erfolg wünschen muss und das manchem Leser die Augen öffnen wird.

Prof. Dr. Gerd Habermann
Berlin, Januar 2024

Einführung

Politik als das Salz in der Suppe

Mit der Feststellung, dass in weiten Teilen der Bevölkerung Unzufriedenheit über die Politik herrscht, lässt sich kein großes Erstaunen mehr erzeugen. Wir haben uns daran gewöhnt. Irgendwie geht es ja schließlich trotzdem weiter. Über Millionenbetrug bei Corona-Testzentren, die abgehobenen Pläne zur Erweiterung des Kanzleramtes, die ausufernde Aufstockung des Ministerialbeamtentums, die gescheiterte Pkw-Maut oder die Eskapaden rund um den Berliner Flughafen lächelt man nur noch müde. Trotz vielerlei Spekulation und Diskussion über die möglichen Ursachen ändert sich nicht wirklich etwas. Eine Mehrheit der Deutschen traut es laut einer Forsa-Umfrage keiner politischen Partei zu, kompetent mit den Problemen im Land umzugehen. 57 Prozent der Befragten gaben dabei an, dass weder die Regierungs- noch die Oppositionsparteien dazu in der Lage seien. Immer wieder wird gefragt, wie eine bessere Politik möglich sei. Ich glaube, schon in der Frage liegt ein Fehler. Wenn das Essen jedes Mal versalzen ist, sollte man nicht nach besserem Salz fragen, sondern nach weniger Salz verlangen. Auch Politik wird nicht besser, wenn man immer mehr macht. Wenn Politik Probleme nicht löst, sollte man nachdenken, ob eine andere Politik wirklich wirkungsvoller ist oder ob die Abwesenheit von Politik das Problem lösen könnte. Ich habe in meinem Vorgängerbuch

Politik ist das Problem, nicht die Lösung bereits einen Finger in die Wunde gelegt. Nun möchte ich gerne noch einen zweiten Finger in die Wunde legen. Denn obwohl ich bereits Lösungsvorschläge aufgezeigt habe, möchte ich in diesem Buch einen bestimmten Aspekt herausgreifen, der ganz besonders am gesellschaftlichen Zusammenhalt nagt: die Privilegien.

Ein Privileg ist ein Vorrecht, das einer Person oder einer Personengruppe zugestanden wird. Der Begriff setzt sich aus den lateinischen Wörtern *privus* (besonders) und *lex* (Gesetz) zusammen. Mit anderen Worten: Es geht um Sonderrechte beziehungsweise um Bevorzugung. Sonderrechte sind dabei keineswegs grundsätzlich etwas Schlimmes. Der Notarzt, der zum Einsatz fährt, hat etwa das Sonderrecht, sich nicht an die Regeln der Straßenverkehrsordnung halten zu müssen. Dies ist mit Nachteilen für die übrigen Verkehrsteilnehmer verbunden, die rechts ranfahren und Platz machen müssen, bringt aber entscheidende Vorteile für den Patienten. Auch die Polizei genießt dieses Recht gleichermaßen, sofern sie zu einem eilbedürftigen Einsatz fährt, nicht aber, um eine Pizza schnell zur Wache zu befördern (was glücklicherweise außerhalb von Filmen selten vorkommt). Doch woher kommen solche Privilegien?

Privilegien als Produkt der Politik

Es gibt zwei verschiedene Arten von Privilegien: gewillkürte Privilegien und gesetzliche Privilegien. Erstere kann man quasi »kaufen«. Ich kann arbeiten (oder erben) und mir ein umwerfend stylisches Auto kaufen. Oder mir im Urlaub statt des schnöden Standardzimmers eine atemberaubende Suite gönnen. Oder in eine Fortbildung investieren, die sich jemand anderes nicht leisten kann. Daneben gibt es durch Gesetz gewährte Privilegien. Etwa, um ein zwei Jahre zurückliegendes Beispiel zu nennen, als »normale« Fluggäste eine Maske tragen mussten, während kein solches Gesetz für den Regierungsflieger der Luftwaffe galt. Ebenso beispielsweise, dass Bundestagsabgeordneten eine Pauschale für ihre mandatsbedingten Ausgaben zugestanden wird, während Selbstständige jeden Beleg einzeln sammeln müssen, den sie steuermindernd absetzen wollen. Damit will ich dies übrigens nicht kritisieren, im Gegenteil. Die maskenfreien Flüge der Regierungsmitglieder fanden zu einem Zeitpunkt statt, zu dem in anderen europäischen Ländern längst keine Maskenpflicht mehr galt, gerne hätte man das »Privileg« also allen zukommen lassen können. Auch wäre es sicherlich eine große Entlastung, wenn Selbstständige ein Wahlrecht zwischen der Erfassung bestimmter Belege oder einer Pauschale für Geschäftsessen und Reisekosten hätten. Das Problem ist also vielmehr, dass die guten Ideen auf einige wenige Profiteure beschränkt werden.

Diese Privilegien der zweiten Kategorie entstammen Gesetzen, sie sind also verbriefte Privilegien. Diese Gesetze werden von der Politik gemacht. Dies ist der Grund, warum jede Schlagzeile, die von solchen Privilegien berichtet, die Politikverdrossenheit erhöht, wenn sie sachlich nicht zu rechtfertigen sind. Kaum jemand kritisiert das Recht des Notarztes, mit Blaulicht zum Einsatzort fahren zu dürfen, während die Besserstellung eines Regierungsfluges gegenüber dem zivilen Linienverkehr viele Menschen zu dem Schluss kommen lässt: »Alle sind gleich, aber manche sind gleicher.«

Die Politik gewährt solche Privilegien aber nicht nur sich selbst. Die gesamte Gesellschaft ist durchzogen von Privilegien für bestimmte Gruppen. Subventionen für bestimmte Wirtschaftszweige, Steuervorteile für ein bestimmtes Verhalten, Pension statt Rente für Beamte, Immunität für Diplomaten, lukrative neue Posten für Parteifreunde – an zahlreichen Stellen steuert die Politik die Gesellschaft mit Privilegien. Während private Privilegien nur Ausdruck einer individuellen Verschiedenheit aufgrund unserer Entscheidungen sind, tangieren die gesetzlichen Privilegien die Gleichberechtigung und damit das Gerechtigkeitsgefühl vieler Menschen. Wir können und wollen nicht ergebnisgleich sein, sonst wären wir keine Individuen, dennoch möchten wir natürlich vor dem Gesetz gleich behandelt werden und zumindest vonseiten des Staates die gleichen Chancen erhalten. Deshalb etwa kann eine private Firma per Handschlag einstellen, wen sie will, während der Staat Aufträge und Beamtenstellen ausschreiben muss. Wann immer dies missachtet wird, herrscht Willkür.

I. Die Gesellschaft der Privilegierten

Unser ambivalentes Verhältnis zu Privilegien

Die meisten Menschen lieben Privilegien – emotional betrachtet. Wer geht nicht gerne an der langen Schlange eines angesagten Clubs vorbei, weil er gute »Connections« hat? Während dieses Beispiel harmlos ist, weil es dem privatrechtlichen Kontext zuzuordnen ist, wird es unschöner, wenn mancherorts mit einem guten Draht zu Ämtern oder Politik ein Antrag beschleunigt oder gar der Ausgang des Antragsverfahrens positiv beeinflusst werden kann – zumindest als Außenstehender würde man dies missbilligen. Eigene Privilegien werden dennoch geliebt und gerechtfertigt. Ich will mich da nicht ausnehmen und habe selten einen Menschen erlebt, der eigene Privilegien kritisch reflektiert oder hinterfragt. Die Privilegien anderer sieht man gleichwohl kritischer. Im Ergebnis ist unser Verhältnis zu Privilegien sehr zwiespältig. Kaum jemand schämt sich für Privilegien, die meisten sind sogar stolz darauf. Wer hat nicht schon Sätze gehört wie:

»Bei uns ist nie etwas zu tun. Ich schreibe nur zwei bis drei Mails am Tag, den Rest der Zeit mache ich Privatsachen und buche Urlaub.«

»Ich kenne da jemanden, der das möglich macht.«

»Ich bin mit Vitamin B an meine Stelle gekommen.«

»Mit meinem Altvertrag zahle ich kaum Miete.«
»Ich bin schon lange nicht mehr kündbar.«
»Ja, das Gesetz ist zwar ungerecht, aber ich profitiere davon.«
»Mein Steuerberater kennt da einen guten Trick.«

Die Liste ließe sich sicher endlos fortsetzen. Menschen freuen sich über das Ausnutzen einer Lücke, die sie besserstellt mindestens genauso sehr wie über den Erfolg von echter Anstrengung. Das ist zweifelsohne durchaus menschlich. Wer von uns freut sich nicht über ein Geschenk, ein kostenfreies Upgrade oder – wer Monopoly kennt – den berühmten »Bankirrtum zu Ihren Gunsten«? Genauso menschlich ist es auch, sich darüber zu ärgern, wenn nur die anderen Spieler metaphorisch solche positiven »Ereigniskarten« ziehen und man selbst leer ausgeht. Gibt es zu viele extrem privilegierend wirkende Ereigniskarten im Spiel, wird mit der Zeit einigen die Lust am Spiel vergehen. Im echten Leben ziehen wir keine Ereigniskarten, sondern haben Gesetze. Diese Gesetze entstehen durch Politik. Westliche Politik mit ihrem Nudging-Gedanken arbeitet immer mehr mit Privilegien. Die Politik kommt meines Erachtens nicht darauf, dass genau solche Privilegien für einen Großteil der herrschenden Unzufriedenheit mit der Politik verantwortlich sind.

> »Es ist erstaunlich, dass Menschen, die glauben, dass wir es uns nicht leisten können, für Ärzte, Krankenhäuser und Medikamente zu bezahlen, irgendwie glauben, dass wir es uns leisten können, für Ärzte, Krankenhäuser, Medikamente zu bezahlen und dazu noch eine staatliche Bürokratie, um dies zu verwalten.«
>
> THOMAS SOWELL

Unser politisches System lebt vom Fordern von Privilegien. Fast jede Forderung einer gesellschaftlichen Gruppe kann man unter diesem Aspekt beleuchten. Selbst die Klimakleber fordern Privilegien. Ihre Forderungen kann man nachlesen. Es geht ihnen nicht um weniger Massentierhaltung oder den Erhalt von Naturschutzgebieten. Dafür hätte ich durchaus Sympathie. Nein, sie wollen, dass das 49-Euro-Ticket wieder 9 Euro kostet. Sie wollen 40 Euro sparen, die andere Menschen bezahlen sollen. Sie fordern nicht einmal, die Qualität des Bus- und Bahnverkehrs zu verbessern. Es handelt sich um Leute, die überwiegend in Städten wohnen und deren Ziel es ist, sich für noch weniger Geld in einen noch volleren Bus zu quetschen. Zahlen müssten das dann diejenigen, denen es zu voll ist und die daher auf andere Verkehrsmittel ausweichen. Wer gern im Kollektiv untergeht, hat dann zumindest das Privileg, die Beförderung (fast) geschenkt zu bekommen. Daher sind diese Menschen aus meiner Sicht auch keine Umweltschützer, sondern Lobbyisten.

Wie uns die Politik zu bestechen versucht: Das Prinzip der kleinen Geschenke

Nun ist diese Entwicklung leider nur die Spitze des Eisbergs. Die Politik hat die Bürger über lange Zeit dazu erzogen, ihre Wünsche und Sorgen an die Politik zu richten und für angeblich förderliches Verhalten belohnt zu werden. Aus diesem Geiste sind Projekte wie die »Abwrackprämie« und andere unfassbar teure Markteingriffe geboren worden, die auf Kosten aller recht willkürlich manche bevorzugt und manche benachteiligt haben. Wer damals sowieso einen Neuwagen kaufen wollte, konnte die Prämie einfach mitnehmen, wer es dagegen einen Monat zu früh gemacht hatte oder gerade einen Gebrauchtwagen verkaufen wollte, gehörte ungewollt zu den Verlierern dieser Subvention. Andere Maßnahmen sind eher unbedeutend, etwa der Kulturpass für Jugendliche. Auch dies ist ein »kleines Geschenk« der Regierung, in diesem Fall 200 Euro Kulturguthaben für alle 18-Jährigen. Früher haben die Großeltern solche Geschenke gemacht, heute muss man eine App herunterladen und lernt schon früh, sich an den schenkenden Staat zu gewöhnen. Im Gegensatz zu den Großeltern hat der Staat dieses Geld nicht erwirtschaftet, sondern natürlich durch Steuern eingenommen. Hinzu kommen die Kosten für die Bürokratie. Die Staatsministerin für Kultur und Medien, die das Projekt zu verantworten hat, möchte schließlich auch etwas verdienen, ganz zu schweigen von ihrer späteren Pension. Die App muss natürlich auch programmiert werden, etwas Budget für Pressearbeit und Werbung darf auch nicht fehlen und ohne Beamte für Konzeption und Planung geht sowieso nichts. Die Großeltern hätten wahrscheinlich weniger Verwaltungskosten verursacht, hatten das Geld aber möglicherweise nicht mehr übrig, weil die Steuerlast hierzulande recht hoch ist.

> *»Der Interventionismus wird zu einem Wettlauf der einzelnen Interessenten und Interessengruppen um Privilegien. Die Regierung wird zu einem Weihnachtsmann, der Geschenke verteilt. Doch die Beschenkten müssen die Gaben, die sie empfangen, doppelt bezahlen. Dem Staat stehen keine anderen Mittel zum Schenken*

> *zur Verfügung als solche, die er dem Einkommen und dem Vermögen der Untertanen entnimmt.«*
>
> LUDWIG VON MISES

Die Großeltern kommen dafür aber vielleicht in den Genuss anderer staatlicher Privilegien, etwa je nach Region vergünstigte Zugtickets oder Museumskarten. Man sollte sich bewusst machen, dass ein Privileg keinesfalls bedeutet, dass man im Leben insgesamt privilegiert wäre. Selbst arme Menschen haben Privilegien. Ich benutze das Wort »Privileg« hier wertfrei. Es ist erst einmal nur eine Bevorzugung. Wer Bürgergeld bezieht, kann über einen Wohnberechtigungsschein mehrere Hundert Euro monatlich bei der Miete sparen, bekommt in vielen Städten ein deutlich günstigeres Nahverkehrsticket und zahlt beispielsweise beim Deutschen Theater nur 3 Euro statt 48 Euro für eine Eintrittskarte. Verstehen Sie mich nicht falsch, ich möchte nicht gegen arme Menschen hetzen, sondern das gesamte Geflecht aus Privilegien entflechten und in diesem Buch darlegen. Ein Bürgergeldempfänger erhält eben nicht nur etwa 500 Euro Bürgergeld, sondern neben den Kosten für Wohnung und Krankenversicherung auch zahlreiche kleine Vergünstigungen. Dieser Mensch fühlt sich sicherlich nicht privilegiert, dennoch wird auch er mit kleinen Geschenken bedacht. Nebenbei sei dennoch kritisch angemerkt, dass dieses Vorgehen natürlich sehr intransparent ist. Würde man die Vergünstigungen und andere Subventionen wie durch einen Wohnberechtigungsschein addieren, käme man möglicherweise je nach Fall auf einen nicht uninteressanten fiktiven Nettolohn, den man lieber nicht laut aussprechen sollte.

> »Der Staat hat keine andere Geldquelle als das Geld, das die Menschen selbst verdienen. Wenn der Staat mehr ausgeben möchte, kann er dies nur tun, indem er Ihre Ersparnisse leiht oder Sie stärker besteuert. Es nützt nichts, zu denken, dass jemand anderes zahlen wird – dieser jemand sind Sie. Es gibt keine öffentlichen Gelder – es gibt nur Steuergelder! Wohlstand wird nicht durch die Erfindung immer großzügigerer öffentlicher Ausgabenprogramme entstehen. Sie werden nicht reicher, indem Sie ein weiteres Scheckbuch bei der Bank bestellen. Keine Nation wurde jemals wohlhabender, indem sie ihre Bürger über ihre Zahlungsfähigkeit hinaus besteuerte. Wir haben die Pflicht, dafür zu sorgen, dass jeder Cent, den wir an Steuern einholen, sinnvoll und weise ausgegeben wird.«
>
> MARGARET THATCHER

Die kleinen Geschenke sind aber nicht immer absolut klein, nur relativ. Es gilt daher das Prinzip: Kleine Geschenke für die Kleinen, große Geschenke für die Großen. Auch die Wirtschaft soll kein Freund des freien Marktes werden, sondern ebenso den Staat als wohlwollenden Weihnachtsmann anerkennen und bestenfalls schätzen lernen. Der Staat als freundlicher Schiedsrichter, der auch mal nebenbei ein Tor schießt, wenn er gerade günstig steht – und in der Halbzeitpause noch Freibier verteilt. So etwa beim geplanten Intel-Werk: 10 Milliarden Euro schießt der Staat dazu, 3.000 neue Arbeitsplätze sind angedacht. Das sind immerhin stolze 3,3 Millionen Euro Subvention pro Arbeitsplatz. Das fällt für mich aber ebenfalls in die Kategorie der »kleinen Geschenke«. Man passt sich bloß der

Größe des Beschenkten an, das Prinzip dahinter bleibt auch hier das gleiche.

Privilegien schlagen Kompetenz, Fleiss und harte Arbeit

Der Fehlanreiz für Bürger und Wirtschaft gleichermaßen lautet: »Geld verdient man nicht, Geld beantragt man.« Nicht, wer am produktivsten ist, sondern wer die Spielregeln (und ihre Ausnahmen) am besten versteht – und sein Leben vorausschauend danach ausrichtet –, fährt die größte Ernte am Buffet der Privilegien ein. Gerade ehrliche Menschen frustriert das. Langfristig hilft es aber nur, dieses System zu verstehen, um es zu ändern.

»Der fundamentale Trugschluss im Wohlfahrtsstaat, welcher sowohl in die Finanzkrise als auch zum Verlust der Freiheit führt, liegt im Versuch, Gutes auf Kosten anderer zu tun.«

Milton Friedman

Abgesehen von der persönlichen Ausgangslage gibt es Entscheidungen im Leben, die determinieren, ob unser Lebensweg langfristig in eine eher privilegierte Position mündet oder nicht. Die Schule verrät einem recht wenig bis gar nichts dazu. Das ist insofern nicht verwunderlich, als man dort auch wenig über Steuern, Recht und wirtschaftlichen Erfolg lernt. Auch über Politik erfährt man kaum etwas. Das, was dort gelehrt wird, ist bestenfalls Geschichte und Staatsorganisation. Nach Auswendiglernen des Ist-Zustandes bleibt da wenig Zeit für einen kritischen

Blick. Viele junge Menschen verlassen das staatliche Bildungswesen daher ziemlich staatsgläubig, was wohl durchaus auch im Sinne des Erfinders ist. Dabei entscheidet die Weichenstellung als junger Mensch – leider – deutlich mehr über die zukünftige Stellung und den zukünftigen Wohlstand als Kompetenz, Fleiß und harte Arbeit. Bestimmte Gruppen profitieren nämlich deutlich häufiger von der Beschaffenheit des politischen Systems als andere. So viel kann ich verraten: Als Vollzeit-Arbeitnehmer, der Einkommensteuer entrichtet, in die gesetzliche Kranken- und Rentenversicherung einzahlt, den Rundfunkbeitrag abführt und Waren und Dienstleistungen überwiegend bei Unternehmen einkauft, die ebenfalls nach dem deutschen Modell Steuern und Sozialabgaben zahlen, gehört man definitiv nicht zu den Privilegierten. Das ist vermutlich keine Überraschung. Unter Beachtung der gesetzlichen Spielregeln etwas »aufzubauen« ist sehr schwer. Auch wenn das in den Industrieländern »Jammern auf hohem Niveau« sein mag, beschränkt sich der Zweck des Arbeitens in vielen Fällen auf bloße Existenzerhaltung, obwohl das durchaus verwundern mag, wenn man sich hierzulande das durchschnittliche Niveau der Personalkosten anschaut. Es ist kein Geheimnis: Zwischen Brutto und Netto liegen oft Welten. Doch was viel fieser und dagegen kaum jemandem bekannt ist: Auch das Brutto taugt nicht als Vergleichswert. Dank einiger Privilegien gibt es gesellschaftliche Gruppen, deren Brutto einigermaßen unauffällig und angemessen erscheint, die sich aber bei gleicher Arbeit problemlos in doppelter Geschwindigkeit ein gutes Leben aufbauen können. Die eigentliche Arbeit ist somit nur der erste Faktor in der Gleichung, der zweite Faktor sind immer die Spielregeln, also die vorherrschenden Gesetze und die in ihnen enthaltenen Privilegien, die, wenn sie einmal existieren, nur selten wieder abgeschafft werden. Dies ist der Teil der Politik, der einen fast immer persönlich betrifft.

> »Oben hat sich eine neue Aristokratie breitgemacht, die aus staatlich geduldeten, quasimonopolistischen Halbunternehmern, führenden Managern staatsnaher Betriebe und höheren Staatsbediensteten besteht; unten lebt eine umsorgte Klientel Staatsabhängiger, die längst von einem leistungslosen Grundeinkommen profitieren, auch wenn es nicht so genannt wird; und dazwischen schuftet eine unternehmerisch erzogene Mittelklasse, die schwindende Gruppe der Nettosteuerzahler, die ohne alle Privilegien auskommt und die ihre Werte, Hoffnungen und Lebensträume gerade schwinden sieht.«
>
> PETER SLOTERDIJK

Einige dieser Privilegien habe ich selbst kennengelernt. Nach dem Studium wurde ich sofort Unternehmer. Ich schloss mich einem Franchisesystem an und verkaufte mit einem kleinen Team gesundes Essen in einem Einkaufscenter. Keine Sekunde bin ich zuvor Arbeitnehmer gewesen. Es ist landläufig bekannt, dass man als Unternehmer mehr Spielraum bei der Gestaltung seines Nettos hat. Das kann ich definitiv bestätigen. Obwohl mein Brutto nicht unbedingt höher war, als wenn ich mich hätte anstellen lassen, konnte ich doch wesentlich mehr Netto für mich selbst herausholen. Zu den Details, den Privilegien der Wirtschaft, komme ich im nächsten Kapitel. Ich will das Ergebnis gar nicht kritisieren, im Gegenteil, ich wünsche mir, dass dieses Privileg seinen Charakter als Privileg verliert und diese Freiheiten nicht eingeschränkt werden, sondern noch mehr Menschen zur

Verfügung stehen. Daher fordere ich auch keine bessere Politik, sondern weniger Politik. Diesen Zusammenhang verstehen Sie aber möglicherweise erst, wenn Sie auch die nachfolgenden Gedanken des Buches gelesen haben – oder Sie haben bereits mein Buch *Politik ist das Problem, nicht die Lösung* gelesen, dann ist Ihnen dieser Gedanke vermutlich bekannt.

Nach etwa vier Jahren als Unternehmer – obwohl es sehr gut lief – bewarb ich mich bei der Polizei. Dies tat ich einerseits aus dem jugendlichen Drang heraus, etwas zu erleben, andererseits kam für mich eine Anstellung als Arbeitnehmer nicht infrage. Auf gar keinen Fall wollte ich in die Sozialkassen einzahlen. Das kann man sicherlich als egoistisch bezeichnen, aber ich hätte mich sonst als Idiot gefühlt. So erlebte ich eine spannende und gut bezahlte Ausbildung und musste die gewohnten Privilegien nicht aufgeben. Zu den Privilegien der Beamten schreibe ich in einem späteren Kapitel mehr. Auch hier sind es nicht die Menschen, die ich kritisiere, sondern die fehlende Logik im System, die allein auf Besitzstandswahrung beruht. Ich versuchte, diese Gegebenheiten in meinem Leben zu berücksichtigen. Wenn alle so agieren würden, hätte die Gesellschaft ein Problem.

Ein »kleiner« Blick auf unsere Gesellschaft

Ich möchte an dieser Stelle eine fiktive Geschichte erzählen, die ich bereits in meinem Buch *Zitate der Freiheit* genutzt habe. Stellen wir uns einmal vor, wir sind auf einer Insel. Auf dieser Insel leben genau zwei Menschen. Beide sind zum gleichen Zeitpunkt dort gestrandet, beide haben nichts. Der eine baut eine

Hütte, sammelt Nahrung, legt Vorräte an. Der andere genießt die Sonne, isst, was er findet, schläft am Strand. Dann brechen schlechte Zeiten an, die Nahrung wird knapper, die Nächte kälter. Eines Tages kommt mit dem Schiff ein Anwalt (möglicherweise ein Sozialdemokrat) auf die Insel. Da sich in unserem Beispiel nun drei Personen auf der Insel befinden, kann man jetzt von einer Gruppe sprechen. Der Dritte könnte auf die Idee kommen, Gesetze für diese junge Gemeinschaft zu entwerfen, die das Zusammenleben erleichtern sollen. Für diese hochwertige Arbeit möchte er ein Drittel der Erträge aller Inselbewohner. Da der eine nichts hat, muss er auch nichts abgeben. Der andere gibt ein Drittel seiner Vorräte. Um die Ungleichheit zu bekämpfen, ordnet der Regelmacher (nicht Regenmacher) an, dass der eine seine Vorräte mit dem anderen teilen müsse. Von den verbliebenen zwei Dritteln gibt der eine Inselbewohner also dem anderen ein weiteres Drittel ab. Nun haben alle ein Drittel. So haben wir einen Arbeiter, einen direkten Subventionsempfänger und einen indirekten Subventionsempfänger, den man Politiker nennen könnte. Das geht so lange gut, wie der wertschöpfende Part das Spiel nicht durchschaut und seine Arbeit einstellt.

> *»Hätte die politische und syndikalistische Kaste nicht den Vorwand ›soziale Umverteilung‹ als legitimierende Begründung ihrer maßlosen Abzockerei, so könnte sie bei den Bürgern nicht mehr als 15 bis maximal 20 Prozent an Steuer- und Abgabenbelastung durchsetzen.«*
>
> ROLAND BAADER

Damals schrieb ich noch scherzhaft: »Ähnlichkeiten zu unserer Gesellschaftsform sind rein zufällig und nicht beabsichtigt.«

Doch ich gebe zu: Das war gelogen. Natürlich ist die Welt nicht ganz so einfach wie diese kurze Geschichte. Dennoch bringt sie vereinfacht auf den Punkt, wie unsere Gesellschaft aktuell funktioniert: Wenn ich viel arbeite, muss ich viel Geld an die Regierung zahlen. Wenn ich aber nicht arbeite, zahlt die Regierung viel Geld an mich. Und noch besser ist es, man gehört zu denen, die die Regeln machen oder sie durchsetzen. Ja, das ist sehr provokant formuliert, aber wir schauen uns die Details noch näher an.

Die Geschichte von Robin Hood

Als ich in jungen Jahren zum ersten Mal die Geschichte von Robin Hood hörte, war ich entsetzt. Ich konnte der Geschichte überhaupt nichts abgewinnen. Jemand raubt Menschen aus und verschenkt das Raubgut dann willkürlich an andere? Was ist daran denn heldenhaft? Ich wollte selbst gern erfolgreich werden und fand eine Figur, die mit Gewalt Gleichmacherei betreibt, keineswegs sympathisch oder das Ergebnis irgendwie erstrebenswert. Für mich war das einfach nur ein Räuber, also letztlich ein Krimineller. Gleichwohl die Existenz von Robin Hood nicht belegt ist, geht man inzwischen davon aus, dass der aus einfachen Verhältnissen stammende Robin Hood es in Wirklichkeit auf habgierige Adlige abgesehen haben soll, also keineswegs einfache arbeitende Handeltreibende ausgeraubt hat. Der Adel war vielmehr die damalige Herrscherklasse, er nahm also nicht von den Reichen und gab es den Armen, sondern nahm es dem Staat und gab es der Bevölkerung. Ob diese Abwandlung nun historisch korrekt ist, mag dahingestellt bleiben, zumindest für mich macht ihn das aber gleich deutlich sympathischer. Heute ist das System leider umgekehrt perfektioniert. Der Staat nimmt dem Bürger sehr viel.

> *»Kein Betrüger und kein Bankräuber der Geschichte hat je die Ersparnisse des Volkes so sehr geplündert wie die Fiskalpolitik dirigistischer Regierungen.«*
>
> Ayn Rand

Wenn man vom Netto noch den Rundfunkbeitrag, die Kfz-Steuer, Energiesteuern, die Umsatzsteuer und den Steueranteil in der Miete abzieht, dann gehen erst mal 60 Prozent des Erwirtschafteten an den Staat. Zumindest für die Kranken- und Rentenversicherung gibt es eine messbare Gegenleistung, dennoch ist die Dienstleistung »Staat« in ihrer Gesamtheit recht teuer geworden. Dies liegt keineswegs am Straßenbau und Schulwesen, besonders teuer sind die Privilegien, die das politische System im Laufe der Zeit hervorgebracht hat. Deswegen sage ich, der Staat soll es nicht besser machen, sondern er soll weniger machen.

Der Unterschied zwischen privaten und staatlichen Privilegien

Nun könnte man mir entgegnen, ich sei einfach nur neidisch. In diesem Buch kritisiere ich schwerpunktmäßig die Privilegien von Staat und Politik, auch wenn ich ebenso einige Privilegien aufgreife, die die staatliche Gesetzgebung der Wirtschaft gewährt. Man könnte nun also meinen, ich gönne den Menschen in hohen Ämtern ihren Erfolg nicht. Tatsächlich freue ich mich normalerweise über den Erfolg anderer Menschen. Wer etwa ein tolles Produkt aus einem anderen Teil der Welt importiert, damit viele Menschen glücklich macht und dann nach ein paar Jahren nicht mehr arbeiten muss, zeigt damit, dass es nicht darauf ankommt, wie sehr man sich selbst verausgabt hat, sondern dass es darauf ankommt, welche Werte man geschaffen hat. Gegen »work smart, not hard« habe ich absolut nichts einzuwenden, auch wenn aus meiner Sicht harte Arbeit ebenso ein völlig respektabler Weg zum Wohlstand ist, sonst hätte ich mir damals nicht die Gastronomie als erstes Betätigungsfeld ausgesucht – Bau- und Minenarbeiter mögen darüber lachen, dass ich die Gastronomie als »hart« bezeichne, und das sei ihnen auch zugestanden. Wenn Menschen jedoch im politisch-bürokratischen Umfeld aufsteigen, agieren sie zumeist mit dem bemerkenswerten Privileg, über andere entscheiden zu dürfen, ohne selbst unmittelbar von ihren Entscheidungen betroffen zu sein. Der Staat ist ein Monopolist. Er verfügt über das sehr seltene Privileg, nicht die gleiche Verantwortung für Effizienz tragen zu müssen wie Unternehmen in einem freien Markt. Denn während Unternehmen ständig um Kunden buhlen und ihre Effizienz verbessern müssen, um zu überleben, wird der Staat unabhängig von seiner Leistungsfähigkeit und Innovationsbereitschaft finanziert. Man muss nur einmal schauen, was schneller zu beantragen ist: Eine Kreditkarte oder ein Personalausweis? Die Kreditkarte haben Sie vermutlich schon im Briefkasten, während Sie noch darauf warten, dass beim Bürgeramt überhaupt ein Termin frei wird. Bei Ersterem ist der Service völlig digital, für Zweiteres müssen Sie höchstwahrscheinlich sogar einen Urlaubstag nehmen.

Der Staat legt selbst fest, was er kostet und was er leistet, etwa als ginge ich in den Supermarkt und bekäme ungefragt einen Korb mit Chips, Milch und sauren Gurken und direkt die Rechnung über 10 Euro dafür in die Hand gedrückt. Und im Wahlkampf gibt es noch eine kleine Tüte Gummibärchen extra. Das Wahlrecht ist kaum ein geeignetes Korrektiv, denn meist ist es so, dass die eine Partei mehr Chips, die andere Partei mehr Milch und wiederum eine andere Partei mehr saure Gurken fordert, aber kaum ein Politiker fordert weniger Politik. Dadurch entwickelt sich ein Wettstreit der Privilegien.

Die Kehrseite der Privilegien

Das Problem daran: Jedes Privileg hat seinen Preis. Wenn einer an der langen Schlange vorbeigehen darf, warten dafür alle anderen eine Minute länger. Wird dann einer Person aus der Mitte, die sich beschwert, auch erlaubt, an der Schlange vorbeizugehen, wartet der Rest schon zwei Minuten länger. Ist dann jemand anders sauer und schleicht sich heimlich vorbei, fehlen den übrigen Leuten schon drei Minuten. In der Politik ist es nicht anders: Für jeden Parteifreund, für den ein neuer Posten geschaffen wird, arbeitet der Steuerzahler ein paar Sekunden länger in seinem Leben. Man kann das »Peanuts« nennen, aber es summiert sich mit der Zeit, denn das System neigt zur permanenten Expansion, während ein Abbau kaum stattfindet. Einmal geschaffene Privilegien sind hartnäckig und langlebig. Keine neue Behörde verschwindet einfach, kein Steuerschlupfloch wird kampflos aufgegeben, niemand möchte Rente statt Pension. Wenn wir im Wahlkampf mit kleinen Tüten Gummibärchen gelockt werden, sollten wir uns bewusst sein, dass es keine echte Entschädigung für mangelnde Effizienz gibt. Statt als Ausgleich nach mehr Privilegien und »kleinen Geschenken« für die eigene Interessengruppe zu verlangen, sollte man über ein insgesamt ausgereifteres und schlüssigeres System nachdenken.

> *»Die Deutschen glauben, sie bekommen vom Staat Geschenke, Hilfen, Überbrückungskredite. Und merken nicht, dass ihnen Almosen in die rechte Hosentasche gesteckt werden, die ihnen aus der linken gezogen wurden.«*
>
> Henryk M. Broder

Leider entspricht dies nicht dem aktuellen Trend. Als die Energiepreispauschalen beschlossen wurden, gab es kaum Kritik daran, vielmehr wurde sofort beharrlich vorgetragen, welche Gruppen noch als Anspruchsberechtigte vergessen wurden. Manche sind süchtig nach den kleinen Geschenken geworden, ohne zu erkennen, dass man nach Abzug der Kosten der Bürokratie letztlich immer mehr zahlt, als man bekommt. Selbst die in der jeweiligen Momentaufnahme Privilegierten tun sich langfristig nichts Gutes, denn diese Denkweise in Interessengruppen wird der Gesellschaft langfristig schaden. Auch wenn es pathetisch klingt: Wir sitzen in einem Boot. Nachfolgend möchte ich etwas Licht ins Dunkel der Privilegien bringen, die hinter den Kulissen der Gesellschaft wirken und diese nicht unwesentlich gestalten.

II. Die Privilegien der Wirtschaft

19 Prozent Rabatt auf alles – außer Tiernahrung

Mit dem Slogan »20 Prozent auf alles – außer Tiernahrung« steuerte sich der Baumarkt Praktiker in die Insolvenz. Doch tatsächlich nutzen Unternehmer einen ganz ähnlichen Rabatt, nicht nur in Baumärkten. Wer nämlich selbst seinen Kunden Umsatzsteuer berechnet, bekommt die eigene Umsatzsteuer erstattet. Das ergibt auch grundsätzlich Sinn. Wenn ich ein Geschäft habe, berechne ich meinen Kunden Umsatzsteuer. Die Umsatzsteuer, die ich selbst zahlen musste, um das verkaufte Produkt zuvor zu erwerben, wird mir erstattet. Dies gilt aber nicht nur für die zum nachfolgenden Weiterverkauf bestimmte Ware, sondern für alle betriebsbedingten Einkäufe. Da sich – gerade bei Kleinunternehmern – nur sehr schwer zwischen privater und betrieblicher Sphäre trennen lässt, kauft man quasi umsatzsteuerfrei ein. Vermutlich gilt aber auch hier »außer Tiernahrung«, denn dafür lässt sich eine betriebliche Veranlassung wohl nur begründen, wenn man eine Tierpension betreibt. Der Spiele-Laptop, mit dem man auch seine E-Mails schreibt, ist dagegen abgedeckt. Auch die dazugehörige Laptop-Tasche oder ein Koffer, Geschäftsessen, Dienstreisen, Kraftfahrzeuge – alles rabattiert. Die Belege werden gesammelt und die auf dem Kassenbon ausgewiesene Umsatzsteuer wird vom Finanzamt erstattet. Für Unternehmer ist das selbstverständlich, Allgemeinwissen ist es aber nicht. In der Schule lernt man es nicht, der normale Verbraucher beachtet die Umsatzsteuer kaum.

Ich muss an dieser Stelle erst mal meine eigene Befangenheit einräumen. Gerade Unternehmer mit physischen Geschäften gehen ein großes Risiko ein. Das kann ich aus eigener Erfahrung bestätigen. Daher habe ich auch große Sympathie für all diejenigen, die mit ihren Geschäften den Kern der sichtbaren Wirtschaft ausmachen, welche das tägliche Leben bestimmt. Ohne dieses und andere »Extras« wären viele Selbstständige wohl schon längst weg, wenn man bedenkt, dass auch andere Standortfaktoren nicht gut sind. Im Ergebnis rechne ich solche Kniffe dennoch zu den Privilegien, denn sie verzerren – ähnlich wie Ermäßigungen für bestimmte Gruppen oder Pensionsansprüche von Beamten und Abgeordneten, mit denen wir uns noch beschäftigen werden – die Sicht auf das, was jemand wirklich insgesamt verdient, da jede Gruppe in ihrem Kosmos eigene Spielregeln hat.

DAS SPIEL DER UNTERNEHMER – BÜCKEN LOHNT SICH

Überhaupt ist es ein interessantes Spiel, das Unternehmer gegen das Finanzamt spielen. Im Gegensatz zu Arbeitnehmern, deren steuerliche Gestaltungsoptionen sich oft auf ein paar Sonderausgaben und das Aufrunden der Kilometerpauschale beschränken, können sich Unternehmer wunderbar »armrechnen«. Die Frage nach der Absetzbarkeit bestimmt so manche unternehmerische Entscheidung. Die Grenzen zwischen Legalität, Halblegalität und Illegalität sind dabei fließend. Wenn an der Kasse vor einem jemand seine Tankquittung über 100 Euro auf den Boden fallen lässt, ein kurzer Griff, und schon bekommt man nicht nur die auf dem Beleg ausgewiesene Umsatzsteuer, sondern kann den Rest steuerfrei aus der eigenen Geschäftskasse entnehmen. Bücken lohnt sich. Quittungen sind für Unternehmer fast wie Bargeld, das Sammeln ist quasi schon ein Sport. Dieses Beispiel ist nicht legal, es gibt aber auch Grautöne zwischen privater und betrieblicher Nutzbarkeit. Mancher setzt seine Hochzeitsreise ab, wenn er sie mit einem Geschäftstermin verbindet. Das ist natürlich ein Extrembeispiel. Letztendlich lassen sich aber je nach Branche viele Reisen auch geschäftlich begründen, selbst wenn man nur eine Ladenfläche besichtigt. Wenn ich eine Bäckerei habe, wieso sollte ich mich nicht in Paris nach einer Fläche für einen zweiten Standort umsehen? Selbst wenn ich mich danach gegen eine zweite Filiale in Paris entscheide, verboten ist diese Dienstreise nicht, auch wenn sie Spaß macht. Ich will das gar nicht moralisch werten. Es sind Gestaltungsspielräume, die ein Privileg darstellen. Je mehr Pauschalen es gibt und je höher die Pauschbeträge sind, desto einheitlicher werden alle behandelt, da sich die Tricks dann nur lohnen, wenn man deutlich darüber liegt.

Ein komplexes Konstrukt aus Regeln und Ausnahmen nützt denen, die es kennen

Noch vor einem Jahrhundert war es hilfreich, die deutsche Sprache zu beherrschen, wenn man – auch außerhalb Deutschlands – Physik oder Chemie studieren wollte, denn viele Bücher waren auf Deutsch verfasst. Diese Zeiten sind längst vorbei. Dafür ist heutzutage jedoch mehr als die Hälfte der weltweiten Steuerliteratur in deutscher Sprache verfasst, auch wenn sich dafür außerhalb Deutschlands vermutlich niemand interessieren wird. Die Kenntnis der Regeln und Ausnahmen des Steuerrechts kann einen Großteil des wirtschaftlichen Erfolges eines Unternehmers ausmachen. Wer sich etwa rechtzeitig eine Abfindung in den Geschäftsführervertrag einbaut und um die Vorteile der Fünftelregelung weiß, kann seine Steuerlast spürbar abmildern. Dies soll keine Steuerberatung darstellen, sondern veranschaulichen, wie viele Privilegien sich im Steuerrecht verstecken. Da sich dieses ständig ändert, ist keines der Beispiele als Vorschlag aufzufassen. Auch das Teileinkünfteverfahren stellt den Gewinn aus dem Verkauf eines Unternehmens besser als den Gewinn aus der operativen Tätigkeit des Unternehmens. Tatsächlich hat man das Gefühl, das Steuerrecht bevorzugt so ziemlich jedes Einkommen, das nicht auf Arbeitsleistung beruht. Insgesamt sind viele Regelungen nur wenig logisch.

Während das Privileg der Abgeltungssteuer auf Dividenden noch halbwegs einen Sinn ergibt, wenn man bedenkt, dass zuvor bereits eine Versteuerung im Unternehmen stattgefunden hat und die Substanz des Unternehmens als Sachwert inflationsgeschützt ist, geht die Besteuerung von Zinsen glatt als pure Frechheit durch. Selbst wenn diese weit unter der Inflationsrate liegen, werden sie mit Abgeltungssteuer und Solidaritätszuschlag belegt. Das gilt natürlich auch für die nominalen »Wertzuwächse« von Anteilen. Während hier, verfassungsrechtlich höchst bedenklich, also eigentlich Verluste besteuert werden, sind Gewinne aus der Veräußerung von Edelmetallen, Kunstwerken und Kryptowährungen nach einer Haltedauer von einem Jahr steuerfrei.

Wer also in Goldmünzen, einen Rembrandt oder in Bitcoin investiert, hat hier die Privilegien auf seiner Seite. Bei Immobilien beträgt diese Frist zehn Jahre oder sogar nur drei Jahre, wenn Sie die Immobilie selbst genutzt haben. Aktiengewinne dagegen müssen versteuert werden, obwohl Aktien gerade bei geringeren Summen die empfehlenswertere Investition sind, da sie im Gegensatz zu Immobilien leichter zu diversifizieren sind. Tatsächlich geht es dabei auch nicht um Logik, sondern darum, dass einmal gewährte Privilegien schwer wieder abzubauen sind, wodurch ein Flickenteppich entsteht. Wer die Regeln kennt und sie beachtet, ist anderen gegenüber im Vorteil.

Die Wahl der Branche und der Steuertaktik (beziehungsweise die Kenntnis der Steuerprivilegien) macht also oft mehr aus als der für die Gesellschaft geschaffene Nutzen. Im Gegenteil, wertschöpfende Tätigkeiten sind erheblich benachteiligt. Und das sage ich nicht als Linker, der noch mehr umverteilen möchte, sondern als Liberaler, der dafür gerne die Steuern auf Arbeit senken würde. Denn es ist wie bei der Schlange, an der sich einige vordrängeln – irgendjemand wartet dafür länger, auch wenn es sich gleichmäßig auf alle verteilt. Unternehmer, die in diesen Bereichen Geschäfte machen, haben mehr Netto vom Brutto. Nicht weil sie bessere Unternehmer sind, sondern weil ihre Branche privilegiert ist. Dass es viele Menschen gibt, die mit Immobilien reich wurden, liegt eben nicht nur an der Materie, sondern oftmals auch an gesetzlich gewährten Privilegien. Der Vollständigkeit halber sei erwähnt, dass auch Privatpersonen von diesen Privilegien profitieren, auch wenn ich dieses Thema unter dem Vorzeichen des Unternehmertums abgehandelt habe.

Staatliche Subventionen – nicht bestellt und trotzdem abgeholt

Auch kleinere Unternehmen bekommen immer mal wieder mit der Gießkanne verteilte Subventionen. Im Gegensatz zu den lobbystarken großen Konzernen fordern sie es zwar selten, beschäftigen sich aber trotzdem damit, wie sie ein paar Tropfen abbekommen können. Die meisten Unternehmer spielen das Spiel mit, auch wenn es ganz und gar nicht unternehmerischem Denken entspricht. Der Gedanke dahinter ist eher: »Wenn alle es bekommen, müssen wir mitmachen, sonst haben wir einen Wettbewerbsnachteil.« Der Lauf zu den Töpfen der Wirtschaftsförderung ist überwiegend von Mitnahmeeffekten geprägt. So hat sich die Politik etwa ausgedacht, Digitalisierungsvorhaben kleiner Unternehmen zu unterstützen. Dies klingt auf den ersten Blick sinnvoll, oder sagen wir, es klingt zumindest modern. Auch wenn der Staat mit Blick auf seine Behörden und Gerichte selbst nicht sonderlich digital aufgestellt ist, erkennt man den guten Willen. Im Ergebnis sind solche Subventionen aber oft nur ein Kreativitätswettbewerb. Kluge Unternehmer lesen die Kriterien und versuchen, sie zu umgehen. Gesunde Unternehmen haben notwendige Investitionen in der Regel längst getätigt. Trotzdem möchte man natürlich jede Förderung mitnehmen. Gerade zwischen kleineren Unternehmen, bei denen sich die Geschäftsführer persönlich kennen, ist es natürlich ein Leichtes, den Preis bestimmter Software-Komponenten heraufzusetzen und im Gegenzug die nicht förderungsfähige Hardware als Bonus obendrauf zu geben, damit etwa die Kriterien einer solchen Digitalprämie formal erfüllt sind. Ohne Studien dazu zu kennen, kann ich aus Erfahrungswerten und Kenntnis der entsprechenden

Kreise sagen, dass diejenigen, die von solchen Zuschüssen profitieren, diese mehrheitlich nur aus Prinzip genutzt haben, ohne sie wirklich zu benötigen. Im Gegenteil, es sind sogar oftmals die, die es nicht geschafft haben, die vorgegebenen Kriterien zu erfüllen, die noch am ehesten Unterstützung gebraucht hätten. Im Ergebnis sind viele Subventionen eine teure und unnötige Wettbewerbsverzerrung, über die sich nicht laut beschwert wird.

> *Eine unheilige Allianz aus Industriekonzernen, BDI und grünem Wirtschaftsminister hat das größte Subventionspaket der Gegenwart durchgesetzt – 78 Milliarden Euro allein bis 2028. Das entspricht fast dem Vierfachen des Etats der Bildungsministerin.«*
> THE PIONEER BRIEFING, 10.11.2023

Auch die Förderung von Beratung ist oftmals mehr Bürokratiebeschäftigung als alles andere. Zielsetzung solcher Programme ist, dass auch kleinere Firmen Beratungsleistungen in Anspruch nehmen. Dafür wird ein Zuschuss gewährt. Um Betrug zu vermeiden, wird ein umfangreicher Verwendungsnachweis gefordert. Dies erreicht jedoch das Gegenteil des Gewünschten, es bevorzugt Profis mit Materialsammlungen und Erfahrung in Bezug auf den Antragsprozess und die Dokumentation, sodass sich der Schwerpunkt dahingehend verlagert, möglichst viel über die bürokratischen Regeln zu wissen. Oftmals fällt es paradoxerweise gerade diesen Profis aber viel leichter zu schummeln. Selbst bei legalem Vorgehen ist die Dokumentation oft Selbstzweck und orientiert sich nur bedingt am tatsächlichen Beratungsverlauf. Zudem verursacht der Prüf- und Bewilligungsprozess wiederum Kosten aufseiten des Staates. Vermutlich werden manche Berater auch von vornherein höhere Preise ansetzen und auch die Beratungsempfänger sind weniger sparsam, da man mit fremdem Geld immer etwas nachlässiger umgeht als mit eigenem. Ein pauschaler Steuernachlass für alle Unternehmen im ersten Jahr würde kleineren Unternehmen vermutlich mehr helfen und wäre obendrein auch gerechter. Dies sind aber nur Beispiele. Über den Irrsinn von Subventionen könnte man sicher ein eigenes Buch schreiben. So viel zu den Privilegien von Unternehmen der kleineren Wirtschaft.

Konzerne sind wie kleine Staaten

Kommen wir zu den Konzernen. Damit meine ich große Marken, die jedem ein Begriff sind. Konzerne neigen in ihrem Innenleben ähnlich zu ausufernder Bürokratie wie staatliche Strukturen. Erlauben Sie mir den Scherz, aber vielleicht verstehen sie sich deswegen auch so gut mit dem Staat. Konzerne haben in den meisten Fällen einen direkteren Draht zur Politik als etwa kleine Unternehmen, die nur mit der Gießkanne bedacht werden. Das Fordern von Subventionen hat sich auch hier erfolgreich etabliert. Je größer der Name, desto höher die Wahrscheinlichkeit, dass man direkt verhandelt. »Deutschland im Subventionsrausch« titelt im Mai 2023 sogar die *tagesschau*. Allein Intel und TSMC erhalten zusammen mehr Subventionsgelder, als es dem Etat ganzer Bundesministerien entspricht. Natürlich ist klar, dass diese Entwicklung auch aus den USA befeuert wird und es für die Politik schwierig sein mag, sich dieser Entwicklung zu entziehen. Ich will an dieser Stelle nicht alle Milliardenhilfen auflisten, die es zuletzt gegeben hat, schon gar nicht während der

Zeit der Corona-Maßnahmen. Eine kurze Recherche oder ein Blick in die Nachrichten sollte hier genügen. Tatsächlich sind Subventionen inzwischen durchaus ein relevanter Faktor für Investitionsentscheidungen. Das ist eine bedenkliche Entwicklung, denn es animiert die Staaten, sich weitere Instrumente der Privilegierung auszudenken, um Ansiedlungen zu fördern, die aus marktwirtschaftlicher Sicht keiner Förderung bedürfen sollten.

> *»Man muss Widerstand gegenüber den Subventionsjägern zeigen.«*
>
> PROF. DR. DR. LARS FELD

Dabei haben Konzerne sowieso schon einen Vorteil bei ihrer Steuergestaltung, schlicht aufgrund ihrer schieren Größe. Dafür kann man ihnen aus meiner Sicht nicht einmal einen Vorwurf machen. Ein nationaler Handwerksbetrieb kann sich den Ort seiner Besteuerung nicht aussuchen, ein internationaler Konzern schon. Die Ausgestaltungsmöglichkeiten sind vielfältig und die öffentliche Diskussion dazu leider sehr emotional. Prominentes Beispiel ist etwa Starbucks. Über die Höhe der Lizenzgebühren lässt sich der Gewinn eines international agierenden Unternehmens leicht steuern beziehungsweise reduzieren. Man versteuert dann letztlich möglichst günstig am Ort der Lizenz. Einige Menschen finden das unmoralisch, andererseits ist es absolut logisch, dass ein Unternehmen das Optimum an steuerlicher Gestaltung anstrebt, sofern diese Methoden legal zur Verfügung stehen. Meines Erachtens ist der »Mittelteil« der Besteuerung, nämlich diejenige innerhalb eines Unternehmens, sowieso nicht oder zumindest nur bedingt zielführend. Die beiden Besteuerungsarten an den chronologischen »Rändern«, also die

Umsatzbesteuerung und diejenige der Ausschüttung, wären aus meiner Sicht sowieso für alle Unternehmen besser geeignet, da der Anknüpfungspunkt dann der Konsum und nicht die erfolgreiche Arbeit wäre, wodurch Chancengleichheit zwischen Klein und Groß hergestellt wäre. Dies erfordert allerdings den Mut, zumindest eine Steuerart (die Körperschaftssteuer) ganz abzuschaffen, und tiefgreifende Reformen sind in der Politik nicht unbedingt beliebt, obwohl dies kostenneutral möglich wäre. Die Fachdiskussion würde an dieser Stelle den Rahmen allerdings sprengen. Es kann aber festgehalten werden, dass das aktuelle Steuersystem größere Unternehmenskonstrukte privilegiert.

Ein weiteres Privileg der »Großen« ist es, Einfluss auf die Spielregeln nehmen zu können, nach denen sie später selbst spielen werden. Während sich Konzerne in Gesetzgebungsprozesse einbringen können, weil sie die erforderlichen Ressourcen hierfür haben, ist dies für kleinere Betriebe schlicht undenkbar. Konzerne profitieren sogar manchmal von mehr Bürokratie, weil sie über die entsprechenden Abteilungen verfügen, die neue Vorgaben umsetzen können, während eine zu starke Reglementierung auf Unternehmen geringerer Größe abschreckend wirken kann. Für etablierte Strukturen ist es auch einfacher, die Kosten notfalls einfach umzulegen. Gesetzgeberische Eingriffe sind daher für junge Betriebe oftmals ungleich gefährlicher. Ein großer Teil der Kritik, die auf den Kapitalismus einprasselt, sollte meiner Ansicht nach eher an den Korporatismus und Lobbyismus gerichtet werden. Nicht falsch verstehen, damit meine ich nicht, Konzerne sollten mehr reguliert werden, sondern vielmehr weniger protektioniert werden.

Der Grund für Lobbyismus liegt im System

Um genau zu sein, liegt der Grund für Lobbyismus im parlamentarischen System. Unser Parlament ist ein Laienparlament, und das meine ich an dieser Stelle gar nicht wertend. Eine Wahl mag Legitimation geben, Kompetenz verleiht sie aber nicht. Das heißt nicht, dass nicht natürlich auch Kompetenzen vorhanden sind, diese sind aber doch eher beliebig verteilt. So sieht das System vor, dass Experten und auch Interessengruppen angehört werden. Die Innenstadt von Berlin wimmelt nur so von verschiedenen Verbänden, die von allen Seiten finanziert werden und Interessen gegenüber der Politik vertreten. Daran ist auch erst mal gar nichts falsch. Natürlich müssen Argumente von jemandem ausgesprochen werden, damit sie rechtzeitig gehört werden. Dennoch besteht natürlich eine gewisse Anfälligkeit dafür, diejenigen zu privilegieren, die ihre Argumente besonders gut platziert haben. Große Firmen haben so oftmals einen guten »Draht« zur Politik und kollaborieren mit dem Staat. Ein solcher Korporatismus hat mit einem freien Markt nur noch wenig zu tun. Dies ist zumindest eine Tendenz, verallgemeinern möchte ich es nicht, sondern die Aufmerksamkeit darauf lenken.

Mit knapp 50 Milliarden Euro hat der Bund im Jahr 2022 Unternehmen aus Branchen geholfen, bei denen der Markt angeblich nicht funktioniert. Davon profitieren vor allem Branchen mit guter Lobby, so die Friedrich-Naumann-Stiftung.[1] Kleine Strukturen finden weniger Berücksichtigung, ihre Probleme

---

[1] Quelle (abgerufen am 10.01.2024): https://www.facebook.com/FriedrichNaumannStiftungFreiheit/posts/645692267597685/, https://liberal-magazin.de/2023/03-2023/geben-auch-wenns-sinn-los-ist

werden oft erst später entdeckt, weil sie nicht frühzeitig eingebunden werden und sich artikulieren können. Aus Sicht bürokratisch organisierter Großunternehmen mögen beispielsweise trotz einiger Bedenken die Dokumentationspflichten des Lieferkettengesetzes noch händelbar sein. In kleinbäuerlichen Strukturen ist die Dokumentation der kompletten Lieferkette bis zum Hof der Kleinbauern in skalierbarer Weise aber nahezu unmöglich, wie etwa Sebastian Brandis in The Pioneer Briefing vom 10.08.2023 erklärt. Von »moralischem Imperialismus« spricht sogar die *FAZ*.[2] Letztlich müssen Millionen von Menschen um ihre Existenz fürchten, die eben keine »Lobby« haben, die sie in Berlin oder Brüssel vertritt – und rechtzeitig laut aufschreien kann.

In jedem Fall ist es ein Privileg, gehört zu werden. Lobbyismus ist Teil der Politik, in einem gewissen Rahmen auch ein notwendiger, wenn er relevante Informationen einbringt. Aber auch eine Bevorzugung durch Lobbyismus ist real. Wie »staatsnah« die Verbände sind oder sich auch selbst definieren, sieht man etwa daran, dass sie ihre offenen Stellen teilweise in das Service-Portal des Bundes einstellen, so etwa der Bauernverband. Wer nach Positionen im öffentlichen Dienst sucht, erfährt also auch gleich von dieser Karriereoption. Das allein will natürlich noch nichts heißen, dennoch sind die Wege in Berlin kurz. Den Einfluss der Agrarlobby beispielsweise sieht man am Produkt Milch. Mit seiner ermäßigten Umsatzsteuer hat es einen klaren Vorteil gegenüber anderen Getränken und sogar gegenüber veganen Ersatzprodukten. Warum? Gute Interessenvertretung. Selbst ein milchbasierter gefrorener Smoothie kann sich als Speiseeis

---

2 Quelle (abgerufen am 10.01.2024): https://www.faz.net/einspruch/entwurf-zum-lieferkettengesetz-moralischer-imperialismus-17247730.html

steuerlich gegen seinen Konkurrenten aus frischen Früchten durchsetzen. Auf Initiative der Europäischen Union darf auch nur noch echte Kuhmilch als »Milch« bezeichnet werden, sodass die Bezeichnungen »Hafermilch«, »Sojamilch«, »Mandelmilch«, »Kokosmilch« oder »Reismilch« zwar im Sprachgebrauch vorhanden sind, aber auf keiner Verpackung mehr stehen dürfen. Die Bezeichnung »Sonnenmilch« ist dagegen noch erlaubt, hier sah man die Interessen der Milchkuhhaltung offenbar weniger gefährdet. Tatsächlich gelten in Deutschland viele Ersatzprodukte als »verarbeitete Lebensmittel« und werden deshalb mit der vollen Umsatzsteuer belegt – während etwa für Fleisch wiederum der ermäßigte Steuersatz gilt. Ich will damit übrigens keinesfalls indirekt für höhere Steuern plädieren, sondern lediglich für mehr Vergleichbarkeit.

In der jüngsten Zeit hat eine umfangreiche Studie der Stanford University das Ausmaß des Einflusses der Fleischindustrie auf politische Entscheidungen und die Vergabe öffentlicher Mittel verdeutlicht.[3] Sowohl in den Vereinigten Staaten als auch in der Europäischen Union zeigt sich, dass die Fleisch- und Milchindustrie erhebliche Ressourcen für ihre Interessen mobilisiert und damit den Fortschritt von alternativen Proteinen behindert. In den USA sind es erstaunliche 800-mal mehr öffentliche Gelder und beeindruckende 190-mal mehr Lobbying-Gelder, die in die Fleisch- und Milchindustrie fließen, verglichen mit den Investitionen in umweltfreundliche Alternativen. In der EU ist die Situation nicht viel besser. Hier werden tierische Produkte mit

---

3 Quelle (abgerufen am 10.01.2024): https://www.focus.de/earth/news/forschung-der-stanford-university-wie-politik-und-fleisch-lobbyisten-die-ernaehrungswende-blockieren_id_202596770.html, https://www.mdr.de/wissen/klimawandel-tierhaltung-fleisch-nach-wie-vor-mehr-staatliche-foerderung-als-gruene-alternativen-102.html, https://sz-magazin.sueddeutsche.de/essen-und-trinken/fleischalternativen-wurst-vegan-93364

1200-mal mehr Fördermitteln und dreifach mehr Lobbying-Geldern unterstützt. Insgesamt machen die Subventionen in der EU etwa 50 Prozent des Einkommens von Rinderproduzenten aus. Diese Zahl zeigt, dass die Geschäftsmodelle der Fleischindustrie in ihrer aktuellen Form nicht markt- und zukunftsfähig sind. Es sind in erster Linie also die Agrarsubventionen dafür verantwortlich, dass viel zu viel Fleisch und andere Tierprodukte produziert, konsumiert und teilweise verschwendet werden. Paradoxerweise denken viele, man brauche mehr Politik für mehr Tierschutz. Das Gegenteil ist der Fall. Die Marktmechanismen werden politisch sabotiert. Für mehr Tierschutz braucht man nicht mehr Politik, sondern weniger. Die Politik ist der Täter und die Lobby der Anstifter.

Lobbys nutzen ihre etablierte Stellung, um marktwirtschaftlich legitime Konkurrenz politisch zu sabotieren. Sie sind Teil der Besitzstandswahrung, oder man könnte sagen: Privilegienbewahrung. Wann immer sich Lobbys formieren, geht es auch um Privilegien. Subventionen hatte ich im Allgemeinen bereits angesprochen, auch hier spielen Lobbys eine große Rolle, warum sie so schwer wieder abzubauen sind. Agrarsubventionen etwa führen gar in eine Interventionsspirale, in der erst die Landwirtschaft gefördert und dann wieder Geld für die Verringerung von Umweltbelastungen gefordert wird. Dabei würde es schon reichen, effiziente tierproduktfreie Lebensmittel nicht noch zu benachteiligen. Lobbys wissen um das Privilegienvergabemonopol des Staates und buhlen darum. Daher braucht es gar nicht unbedingt mehr Schutz vor Lobbyismus, sondern weniger Schutz des Lobbyismus.

Staatlich geschützte (Berufs-)Gruppen

Auch Knappheit ist ein Privileg – zwar nicht für die Kunden, dafür jedoch für die Anbieter. Wenn ich zynisch wäre, würde ich sagen, der Staat war schon immer Meister darin, Knappheit zu erzeugen. Nun gilt bei uns glücklicherweise weitestgehend Berufsfreiheit, dennoch sind manche Tätigkeiten reglementiert. Ich weiß, dass dies kontrovers gesehen wird. Die Meisterpflicht beispielsweise wird von manchen Menschen als Garant für Qualität empfunden, für andere ist sie eine unnötige bürokratische Hürde. Dieses Beispiel hat bereits eine lange Geschichte. Schon im Mittelalter gab es diese Marktzugangsbeschränkung, explizit mit der Zielsetzung, die Anzahl der Meister zu begrenzen und bestimmte Menschengruppen wie Frauen oder Juden von der Handwerksausübung auszuschließen. Die Meisterpflicht wurde seither mehrmals aufgehoben und wieder eingeführt. Die Meisterpflicht wurde auch als Mittel gegen die sozialdemokratische Arbeiterbewegung verstanden. Industrielle, Grundbesitzer und konservative Kreise waren sich einig, die Ordnung der Berufsstände politisch gegen das Proletariat zu verteidigen. Auch damals war Politik also ein erbitterter Kampf um Privilegien. Nachdem in der jüngeren Geschichte, namentlich im Jahr 2004, die Meisterpflicht erheblich zurückgefahren wurde, wurde sie 15 Jahre später teilweise wieder reaktiviert. Ob das schon seit Jahrhunderten andauernde Hin und Her damit sein vorläufiges Ende gefunden hat, lässt sich nicht mit Sicherheit sagen.

Man kann anderer Meinung sein, aber meines Erachtens geht es bei allen Beschränkungen eines Marktes nie nur um Qualität und Verbraucherschutz, sondern vielmehr auch – aber nicht ausschließlich – um die Privilegien der aktuellen Marktteilnehmer. Über die Gewichtung kann man sicher streiten. Fraglich ist jedoch, ob eine staatliche Kontrolle in Zeiten der Digitalisierung und der Bewertungsportale überhaupt noch ein entscheidender Aspekt und somit noch zeitgemäß ist. Jeder, der mal zur Schule ging, weiß: Es gibt gute Lehrer und schlechte Lehrer. Jeder, der in einem Team arbeitet, hat schon die Erfahrung gemacht: Ein Idiot ist immer dabei. Kein Abschluss und keine Prüfung haben es jemals verhindert, dass Qualitätsunterschiede existieren. Manchmal kann das auch einfach tagesformabhängig sein. Im Falle einer Schlechtleistung hat der Kunde neben zivilrechtlichen Optionen fast immer die Möglichkeit, eine Bewertung abzugeben. Aus meiner Sicht reduziert dies das Erfordernis einer Reglementierung und damit Privilegierung bestimmter Gruppen zunehmend.

Einen künstlichen Mangel sehe ich auch bei den rechtsberatenden Berufen. Hier werden ebenfalls Zugangsbeschränkungen mit Qualitätssicherung begründet. Diese Qualitätssicherung bedeutet allerdings oft, dass man bei kleineren Fällen die Wahl zwischen keiner Beratung oder einer Beratung zu einem Stundensatz von 300 Euro hat, denn kaum ein Fachanwalt rechnet noch gerne freiwillig nach dem RVG (Rechtsanwaltsvergütungsgesetz) ab. Die staatliche Verknappung geht hier stark zulasten der Rechtsuchenden. Noch immer ist das erfolgreiche Staatsexamen das Inbild der Juristerei. Witzigerweise hat aber ausgerechnet der Staat bemerkt, dass das gar nicht immer nötig ist. In fast allen Bundesländern werden die Staatsanwaltschaften von Amtsanwälten entlastet. Amtsanwälte sind Rechtspfleger, die mit drei Jahren die gleiche Ausbildungsdauer wie ein an einer Uni ausgebildeter Bachelor of Laws haben. Eine Beratung für Bürger ist dagegen selbst bei einer unbedeutend kleinen Zivil- oder

Verkehrsrechtsangelegenheit nur von Volljuristen zu erlangen. Wird Ihr Auto zu Unrecht abgeschleppt, haben Sie oftmals nur die Wahl zwischen Kapitulation oder einem Anwalt, der mehr kostet, als Ihnen im Falle eines Sieges erstattet werden kann, weil Personen mit abgestuften Qualifikationen Ihnen keine Hilfe anbieten dürfen. Die Privilegien der Juristen mit Staatsexamen verhindern hier somit den einfachen und kostengünstigen Zugang zu gerechter Konfliktlösung.

Noch extremer ist dies bei den Notaren, die in Deutschland zu den Topverdienern gehören. Wohlgemerkt mit einem Leistungsangebot, das man in bestimmten Fällen aufgrund gesetzlicher Verpflichtung in Anspruch nehmen muss – zu Preisen, die festgelegt sind. Diese Tätigkeit wird daher gelegentlich zynisch als Lizenz zum Gelddrucken bezeichnet, denn die Kunden müssen kommen und günstigere Preise sind verboten. Diese Monopolrendite ist ein großes Privileg und keinesfalls im Sinne der Verbraucher. Baden-Württemberg hatte tatsächlich mal ein anderes System. Dort gab es Richternotare mit beiden Staatsexamina sowie Bezirksnotare in einer Laufbahn des gehobenen Dienstes. Im Jahr 2018 wurde dies jedoch abgeschafft, durchaus im Interesse der Notare. Diese Privilegierung ist aus meiner Sicht nur mit Qualitätsstandards nicht zu begründen. Dass Notare bis zu einer halben Million Euro im Jahr für eine quasi risikofreie Tätigkeit bekommen können, halte ich schlicht für einen nicht behobenen Systemfehler, der eindeutig das Ergebnis der Politik und nicht des angeblichen »Raubtierkapitalismus« ist, denn die hohen Gebühren sind keine Marktpreise, sondern eine Vorgabe der Politik.

Dies soll kein Plädoyer gegen Qualifikationsnachweise sein. Qualitativ hochwertige Abschlüsse sind auch auf einem freien

Markt essenziell. Die Frage ist, wie sehr die Preise noch atmen können, und inwiefern Alternativen zumindest ausprobiert werden können, um Innovation nicht zu behindern. Ein Dienstleister mit einem Master of Laws, der in einfachen Fällen berät oder gar vor einem Amts- oder Verwaltungsgericht auftreten darf, würde weder die Qualität der Rechtsordnung erschüttern noch die Preislandschaft derart verwirbeln, dass etablierte Fachanwälte arbeitslos würden oder die Preise halbieren müssten. Im Gegenteil, ich denke, dass der demografische Wandel und der damit einhergehende Fachkräftemangel die Gelegenheit bieten, bestehende Privilegien zu hinterfragen, manches System zu öffnen und neue Wege auszuprobieren, die weniger an Berufsständen und Besitzstandswahrung orientiert sind. Künstliche Knappheit ist keine Lösung. Ein gesunder Markt kennt eigentlich keinen Mangel und keine Wartezeiten – und schon gar keine Monopole.

So wären auch bei der Lehrerausbildung dringend Reformen notwendig. Die Lehrerlobby hält aber ähnlich wie die Juristen stoisch am klassischen Ausbildungsweg fest und tut sich trotz Mangel immer noch schwer, sich für Quereinsteiger mit Bachelor und Master zu öffnen. Aber kann ein Bachelor- oder Master-Absolvent mit nachgewiesenem pädagogischen Talent nicht vielleicht ein sehr guter Lehrer sein, auch wenn er oder sie sich nicht schon ab dem ersten Semester für das Lehrerdasein entschieden hat? Oder geht es vielen Gegnern nur darum zu sagen: »Ich habe mich damals schließlich auch durch zwei Staatsexamina gequält, also muss gleiches Leid für alle gelten«? Zumindest Brandenburg geht hier inzwischen neue Wege. Ich denke, die Exklusivität des Zugangs zu bestimmten Berufen aufzuweichen, ist der richtige Weg, da dies mehr Dynamik und Innovation zulässt.

Ich will an dieser Stelle nicht auf alle Regulierungen der Berufswelt eingehen. Manche mögen berechtigte Zwecke verfolgen, andere sind im Ergebnis bedeutungslos. Mir geht es hier nur um die, die Privilegien zementieren und auf eine Abschottung des Berufsstandes hinwirken. Eine solche Abschottung kann auch aus altmodischen Strukturen herrühren. Auch bei Medizinern sind die Vorteile eines flexibleren Systems noch nicht angekommen, denn ein Bachelor in Medizin wird fast noch als absurd abgetan, obwohl es sowohl an Krankenpflegern als auch an Ärzten mangelt und eine Zwischenstufe für viele attraktiv wäre, die eine Perspektive haben möchten, danach weiter aufsteigen zu können. Oftmals ist es das Denken in Berufsständen und das Wirken privilegierter Interessenvertreter einer Branche, die – getreu dem Motto: »Das haben wir schon immer so gemacht« – Innovation verzögern oder verhindern, weil sie um die eigenen Privilegien fürchten.

III. Die Privilegien anderer Interessengruppen

Der unverstandene Unterschied zwischen Positionen und Interessen

Man glaubt gar nicht, wie vielen Statusgruppen es um ihr Ego geht. Man nehme etwa den Streit, ob Fachhochschulprofessoren das Promotionsrecht erhalten sollten. In Lüneburg klagten sogar Professoren, weil nach einem Zusammenschluss zwischen Universität und Fachhochschule ihre Professorenkollegen der einstigen Fachhochschule dieses erhalten sollten – ganz zum Unmut der Universitätsprofessoren. Die Besserstellung des einen wird zur Schlechterstellung des anderen. Man kann davon ausgehen, wo immer es Privilegien gibt, werden diese verteidigt. Dies hat in unserem politischen System Konjunktur. Jeder Status muss gegen Eindringlinge abgesichert werden. Menschen formieren sich zu Gruppen, die scheinbar auf der gleichen »Seite« stehen, um gemeinsam einen Standpunkt zu besetzen und nicht zu weichen. Genau dieses Prinzip bringt die zuvor schon erwähnten Strukturen des Lobbyismus hervor. Nur wer laut genug schreit, wird gehört. Wer einmal als berechtigte Interessengruppe anerkannt ist, findet im politischen System Gehör.

Genau dieses Prinzip der Parteilichkeit ist sehr tief in unserer Gesellschaft verankert. Wir wählen Parteien, ergreifen bei vielen gesellschaftlichen Themen Partei und auch vor Gericht gibt es immer zwei Parteien, von denen, wenn kein Vergleich zustandekommt, eine siegen und eine verlieren muss. Einem angeblich richtigen Ergebnis geht immer zuerst ein Kampf der Positionen voraus. Man könnte sogar sagen: Politik ist Parteilichkeit. Dies erfordert im Umkehrschluss, dass nur siegen kann, wer auch beteiligt ist. Um Positionen vortragen zu können, wird Partizipation der Interessenvertreter zum entscheidenden Element.

Dieses Prinzip findet sich auch sehr deutlich in den Rundfunkräten. Dort sitzen etwa Vertreter der Gewerkschaften, der Arbeitgeberverbände, der IHK, des Bauern- und des Handwerkerverbandes, der Wohlfahrtsverbände, wie der Caritas, des Roten Kreuzes und der Arbeiterwohlfahrt, der Kirchen, Verbraucherzentralen und sogar des Deutschen Olympischen Sportbundes – gut entlohnt, versteht sich. Nur wer einen Posten erhält, fühlt sich gewertschätzt und verstanden. Wer (noch) nicht entsenden darf, protestiert und kritisiert das System – bis er in den Kreis aufgenommen wird. Angeblich soll so ein Querschnitt der Bevölkerung abgebildet werden. Dass dieses Ziel auf diesem Wege jemals erreicht werden kann, bezweifle ich. Das Prinzip des Lobbyismus ist aus meiner Sicht laut, rückschrittlich und kontraproduktiv. Es funktioniert nach der Basar-Methode. Das richtige Ergebnis soll nicht durch Neutralität und überparteiliche Einsicht gefunden werden, sondern durch Kräftemessen, das sich dadurch legitimiert, dass vermeintlich alle beteiligt sind.

Diese Interessengruppen nenne ich daher lieber Positionengruppen. Warum? Man nehme das in der Literatur bekannte Beispiel der beiden Kinder, die sich um die letzte Orange streiten. Beide wollen die Orange haben, daher haben beide die Position: »Die letzte Orange ist meine.« Das Prinzip der Positionen führt dazu, dass entweder das körperlich stärkere Kind (durch Kampf) oder das geistig stärkere Kind (durch Überzeugung der Eltern, Partei zu ergreifen) die Orange allein bekommt. Sind sie dagegen gleich stark, kommt meist ein Kompromiss zustande: Die Orange wird in der Mitte geteilt. Ein besseres Ergebnis kann das Prinzip der Positionenvertretung nicht hervorbringen. Fragt man nun aber nach dem Interesse hinter der Position, könnte das eine Kind sagen, dass es Orangensaft pressen will, während das andere mit der Schale einen Kuchen backen will. Natürlich ist dieses Beispiel fiktiv, es soll jedoch die grundsätzliche Überlegenheit des Harvard-Konzeptes gegenüber einem Verhandeln nach der Basar-Methode aufzeigen, bei der primär in Parteilichkeit und Vertretung der eigenen Position gedacht wird und eben nicht im Sinne einer ganzheitlichen Lösung. Das Harvard-Prinzip besagt vereinfacht, dass ein kooperativer Verhandlungsstil, bei dem die Parteien unter Offenlegung ihrer Interessen gemeinsam an einer Lösung arbeiten, sowohl makro- wie auch mikroökonomisch effektiver ist als ein kompetitives Verhandeln, bei dem es lediglich darum geht, welche Partei von ihrer Position am wenigsten abrückt.

Gewerkschaften und Arbeitgeberverbände brauchen sich wie Tom und Jerry – und agieren genauso vorhersehbar

Eine bessere Überleitung zu den Gewerkschaften und Arbeitgeberverbänden kann es nicht geben. Wochenlange zähe Verhandlungen, gegenseitige Schuldzuweisungen, Verhandlungsabbrüche, Streikdrohung, Streik, Schlichtung, Wiederaufnahme der Gespräche, Verhandlungen bis in die Nacht – und am Ende trifft man sich fast in der Mitte. Welch Überraschung! Danach zeigen sich beide Seiten vorsichtig optimistisch. Das Ergebnis sei zwar nicht das Optimum, aber man könne zufrieden sein – sagen meist beide Seiten gleichermaßen. Sowohl der Verhandlungsprozess selbst als auch das Ergebnis und die Kommunikation danach sind etwa so überraschend wie der strukturelle Verlauf eines Katz-und-Maus-Comics oder eines Balzrituals im Tierreich. Ich will damit nicht sagen, dass die Verhandlungen nur eine Show wären. Die beteiligten Personen mögen durchaus in ihrer Rolle aufgehen und die Verhandlungen mit großer Ernsthaftigkeit führen, die Ergebnisse sind dennoch meist wenig unerwartet und der Verhandlungsprozess selten innovativ.

Die Gewerkschaften haben in den letzten zwei Jahrzehnten auch massiv an Mitgliedern verloren. Während die Zahl der Erwerbstätigen auf ein Rekordhoch von etwa 45 Millionen Menschen gestiegen ist, sind nur noch 5,5 Millionen davon gewerkschaftlich organisiert. Das sind mehr als drei Millionen Beschäftigte weniger als noch zur Jahrtausendwende. Woran genau das liegt und ob auch das altmodische Spiel aus Verhandeln und Drohen nicht mehr die Begeisterung weckt wie früher, lässt sich nicht mit letzter Gewissheit sagen. Die Privilegien, die Gewerkschafter genossen haben und noch genießen, nämlich sich aus der operativen Tätigkeit zurückzuziehen und nur noch hauptberuflich »Interessen zu vertreten« und dabei auch mal auf lukrative Aufsichtsratsposten zu schielen, mögen auch ein Grund sein, warum sich nicht mehr jeder mit einer Gewerkschaft identifizieren kann. Man könnte das Gefühl bekommen, Gewerkschaften und Arbeitgeberverbände spielen längst nur noch des politischen Spieltriebs und der eigenen Posten wegen und weniger aus Überzeugung für eine bestimmte Sache. Die entstandene Institutionalisierung der Strukturen hat einen Hauch von Vereinsmeierei und schon lange nicht mehr den Charme einer aufstrebenden Arbeiterbewegung. Bürokratie schafft es, auch das edelste Anliegen unsexy zu machen.

Gewerkschaften hatten in der Vergangenheit dennoch zweifelsohne große Berechtigung und haben wichtige Fortschritte in der Gesellschaft bewirkt. In der Welt von gestern, die geprägt war von einfachen Tätigkeiten in Produktion und Fertigung, war der Mensch austauschbar, sodass man Stärke und Sicherheit in der Gruppe suchte. In der Welt von heute sind Bewerber auf körperlich anstrengende Berufe Mangelware geworden und gut ausgebildete Spezialisten haben deutlich an Verhandlungsmacht gewonnen. Der Markt hat sich verändert und auch die Prioritäten der Beschäftigten haben sich im Zeitverlauf stark gewandelt.

In vielen Fällen dienen Gewerkschaften heutzutage nur noch der Privilegiensicherung bestimmter Gruppen, namentlich von Arbeitnehmern in Großkonzernen gegenüber Arbeitnehmern in kleinen Betrieben. Warum verdient der VW-Arbeiter in Wolfsburg mehr als der Bäcker in Wolfsburg? Warum verdient ein Kapitän der Lufthansa bis zu 100.000 Euro mehr als seine Kollegen anderswo? Der Grund liegt in der parteilichen Positionenvertretung. Auch hier ist eine gewisse Wertfreiheit angebracht. Ich will gar nicht sagen, dass es falsch sei, Positionen zu vertreten. Schon gar nicht, wenn es erfolgreich ist. Ich benenne es nur nüchtern. Gewerkschaften sind keine Kämpfer für eine bessere Welt (mehr), sondern die Lobby der Arbeitnehmer größerer Strukturen. Die Privilegierung erfolgt auch nicht unbedingt gegenüber den Unternehmen, denn diese reichen die Kosten nur weiter (solange sie noch wettbewerbsfähig sind), sondern eher im Vergleich zu Arbeitnehmern aus weniger großen oder prestigeträchtigen Betrieben. Als Feindbild taugen die Arbeitgeber natürlich trotzdem.

Die Gewerkschaften haben dieses Spiel leider perfektioniert. In Sachsen zum Beispiel macht man ein halbes Prozent bei der Pflegeversicherung zum großen Thema. Die Arbeitgeber sollen es bezahlen, bisher zahlen es die Arbeitnehmer. Wer Wirtschaft wirklich verstanden hat, weiß aber: Es zahlen immer die Kunden. Ein Unternehmen hat nämlich nur das Geld zur Verfügung, das es einnimmt. Im Gegensatz zum Staat kann es sich nicht unendlich verschulden. Die paritätische Aufteilung ist fiktiv. Vom vorhandenen Geld bezahlt die Firma alle Ausgaben – inklusive Sozialabgaben. Das übrige Geld teilen sich die Menschen, die man als Arbeitgeber und Arbeitnehmer bezeichnet. (Ja, beides sind tatsächlich Menschen.) Es ist in jedem Fall ein Nullsummenspiel. Eine andere fiktive Aufteilung der Kosten senkt also den Spielraum zukünftiger Gehaltserhöhungen. Es ist nichts anderes als das berühmte Sprichwort »linke Tasche, rechte Tasche«. Der Mitgliedsbeitrag für die Gewerkschaft liegt witzigerweise bei 1 Prozent des Bruttolohnes. Auch Interessenvertretung ist ein Geschäft. Möglicherweise ist auch das ein Grund für die sinkenden Mitgliederzahlen der Gewerkschaften. Meiner Meinung nach sollte man vor dem Finanzamt statt den Betrieben streiken. Arbeitgeber und Arbeitnehmer sitzen im gleichen Boot. Statt gegeneinander zu arbeiten, bräuchten sie eine gemeinsame Interessenvertretung gegenüber der Politik. Oder noch besser: wirtschaftliche Bildung. Die ist – im wahrsten Sinne – wohl unbezahlbar.

Im Gegenteil, die Gewerkschaften protektionieren mit großer Freude alte Strukturen, die viele einfache Arbeiten erfordern. So ist etwa eine Reform des Postgesetzes aus dem Jahr 1997 angedacht. Dabei soll der Post zukünftig mehr Zeit für die

Briefzustellung eingeräumt werden. Briefe sollen also langsamer ankommen, dafür aber verlässlicher und wirtschaftlicher. Die Gewerkschaft Verdi warnt vor »katastrophalen« Folgen. Damit würde »die Grundlage für gute Löhne und gute Arbeitsbedingungen entzogen und Zehntausende Arbeitsplätze wären in Gefahr«, sagt die stellvertretende Verdi-Vorsitzende dem Magazin *Spiegel*.[4] Das ist an Dramatik kaum zu überbieten. Dass an allen Ecken und Enden Arbeitskräfte gesucht werden und sich die junge Generation nicht darum reißt, Briefe auszutragen, ist dort noch nicht angekommen. Arbeit muss um jeden Preis erhalten werden, selbst wenn sie nicht mehr zeitgemäß ist. Das ist in etwa so, als wenn ich stündlich meine Wohnung putze, nur um »Arbeit zu haben«. Die politische Argumentation ist in diesen Dingen in den 1990er Jahren stecken geblieben. Arbeit um des Arbeitens willen, selbst wenn es immer weniger Arbeitskräfte gibt. Dies entspringt dem Gedanken des lebenslangen Arbeitsplatzes als erstrebenswertes Privileg, dessen Sinnhaftigkeit aber durchaus bezweifelt werden kann.

Arbeitnehmer in grossen Konzernen und staatsnahen Unternehmen

Große Strukturen reagieren mit Verzögerung auf Veränderungen der gesellschaftlichen Entwicklung. Das Arbeitnehmerideal in großen Konzernen ist noch immer der gewerkschaftlich vertretene Facharbeiter, der es verlernt hat, selbst zu verhandeln, am

---

[4] Quelle (abgerufen am 10.01.2024): https://www.verdi.de/presse/pressemitteilungen/++co++-e0db3142-669c-11ee-a779-001a4a160129, https://www.verdi.de/themen/politik-wirtschaft/++co++-b1928986-5d3b-11ee-ab80-001a4a160129

besten seine Ausbildung dort gemacht hat und für den gesamten Rest seines Arbeitslebens dort bleiben möchte. Gleiches gilt auch für die meisten staatsnahen Unternehmen wie Landesbanken. Ich will nicht abstreiten, dass einige Menschen wirklich noch am altmodischen Ideal eines Lebens mit einer einzigen Arbeit hängen, in dem Sicherheit jede Form von Spannung und Abwechslung verdrängt, aber zumindest das Verhalten der Jugend spricht eine andere Sprache. Nach der Ausbildung eine zweite Ausbildung oder ein Studium machen oder nach dem Studium eine Ausbildung oder ein Zweitstudium machen – beides ist inzwischen alles andere als selten. Sich auszuprobieren ist längst kein Zeitvertreib für verirrte Gestalten mehr, sondern mitunter ein sinnvoller Karriereschritt.

Entsprechend überraschend ist, dass Arbeitsplatzerhalt im Sprachgebrauch der Gewerkschaften tatsächlich noch eine große Rolle spielt. Ist das wirklich noch zeitgemäß? Die Frage dürfen Sie gern selbst beantworten. Vielleicht bin ich bei der Beurteilung befangen. Ich zumindest habe eine durchaus sehr lukrative Karriere in der Wirtschaft beendet, um für einen monatlich dreistelligen Betrag wieder die Schulbank zu drücken und das Leben als Polizist kennenzulernen. Aber vielleicht kann ich hier nicht von mir auf andere schließen. Ich weiß es nicht. Zumindest wundert es mich immer, welchen Stellenwert Arbeitsplatzerhalt oft einnimmt, auch vonseiten der Politik. Bei größeren bekannten Unternehmen hat sich in der Geschichte sogar oftmals der Staat eingemischt und diese gerettet (was bei kleineren Betrieben übrigens undenkbar ist). Dabei – so denke ich zumindest – haben Geschäftsmodelle eben manchmal auch einen Lebenszyklus, der enden kann. Genauso wie bestimmte Tätigkeiten zu Recht durch technologischen Fortschritt wegfallen.

> »Es ist gleichermaßen notwendig, in einer dynamischen Volkswirtschaft zuzulassen, dass kranke Branchen zugrunde gehen, wie auch zuzulassen, dass expandierende Industrien sich weiterentwickeln.«
>
> Henry Hazlitt

Es mag noch verständlich sein, an seiner gewohnten Tätigkeit festzuhalten, wenn man vielleicht in wenigen Jahren sowieso in Rente geht, aber wenn Personen mittleren Alters sich an der Unveränderlichkeit ihrer Stellenbeschreibung festbeißen, tun sie sich aus meiner Sicht damit selbst keinen Gefallen. Die Zahl der Erwerbstätigen ist auf einem Höchststand, trotzdem herrscht großer Arbeitskräftemangel. Die Verhandlungsmacht der Arbeitnehmer ist also höher als jemals zuvor. Eine Denkweise gegenseitiger Unabhängigkeit, in der sich Arbeitnehmer und Arbeitgeber gegenseitig auf Augenhöhe betrachten, wäre meines Erachtens zeitgemäßer, da alles andere ein Hemmnis für die eigene Entwicklung bedeutet. Man hat nur ein Leben, und jede Veränderung beinhaltet auch die Chance, in Summe viel mehr erlebt zu haben. Wenn eine Tätigkeit nicht mehr gebraucht wird, kann man es auch als Fortschritt sehen, dass sich künftige Generationen nicht mehr dieser Aufgabe widmen müssen. Die Verbreitung des Automobils hat dazu geführt, dass niemand mehr gebraucht wird, um Pferdemist von der Straße zu beseitigen. Diejenigen, die für den Erhalt alter Arbeitsplätze kämpfen, tun damit also nicht immer etwas Gutes. Ich möchte hier nicht allzu philosophisch werden, gleichwohl ist die Angst vor Veränderung meist unbegründet und staatliche Rettungen großer Unternehmen oder ganzer Branchen haben sich in der Geschichte fast immer als teuer und wirkungslos herausgestellt.

> »Ein kräftiger Bursche [...], der sich nach und nach in allen Berufen versucht [...] und immer wie eine Katze auf die Füße fällt, wiegt hundert von diesen Stadtpuppen auf. [...] Er hat nicht nur eine, sondern hundert Chancen.«
>
> RALPH WALDO EMERSON

Zumindest kann festgehalten werden, dass in großen Konzernen oft das Privileg des Bestandsschutzes gilt, selbst wenn eine Tätigkeit unsinnig (geworden) ist. So mancher Arbeitnehmer in einem großen Konzern durfte auf diese Weise schon die letzten Jahre bis zum Ruhestand auf einer nicht mehr benötigten Position »absitzen«. Dies merkt man vor allem daran, dass solche Positionen nicht nachbesetzt werden. Das mag zwar dem Wunsch nach wenig Veränderung gerecht werden, gesamtgesellschaftlich gesehen ist das Privileg, irgendwo aufgrund des Kündigungsschutzes »geparkt« zu werden, allerdings sehr teuer.

> »Ist ja praktisch wie'n Friedhof hier. Wer einmal ein Plätzchen hat, den kriegst du nicht mehr weg.«
>
> AUS DER SERIE STROMBERG

Woran merkt man ansonsten, dass man es wahrscheinlich mit einem Mitarbeiter eines Konzerns oder zumindest größeren Unternehmens zu tun hat? Die Klassiker sind: Dienstwagen, Tankkarte, großzügige Spesen. Wenn Tandem-Gleitschirmfliegen und Imkern als Bildungsurlaub ohne Wimpernzucken genehmigt werden, leben Sie vermutlich im Elfenbeinturm eines Großkonzerns (oder arbeiten für ein hypermodernes Kreuzberger Start-up). Damit will ich nicht sagen, dass Gimmicks für

Mitarbeiter grundsätzlich schlecht wären, ihr übertriebener Einsatz steht dennoch oft stellvertretend für Strukturen, die sich vom eigentlichen Wertschöpfungsprozess weitgehend entkoppelt haben. Dies führt gerade bei sehr »reifen« Unternehmen, die fast am Ende ihres Lebenszyklus sind, oft zu einer ausgeprägten Verwaltungsmentalität, die sich weit vom Kunden entfernt hat.

Wovon Mitarbeiter von Kleinbetrieben nur träumen können, sind zudem Abfindungen. Als Herbert Diess den VW-Konzern verlassen musste, tat er dies nicht ohne eine Abfindung in Höhe von knapp 30 Millionen Euro. Das ist schon sehr abgehoben. Herbert Diess war zwar kein normaler Mitarbeiter, dennoch haben Konzerne selbst Azubis schon Summen bis zu 50.000 Euro angeboten, um sie nicht übernehmen zu müssen. Bei einem Kleinbetrieb gibt es bestenfalls einen feuchten Händedruck und eine Abschiedsfeier mit etwas Gebäck.

Die regierungsnahen Nicht-Regierungsorganisationen (NGOs) und ihre Freunde

Damit möchte ich die Gefilde der klassischen Wirtschaft verlassen und mich anderen Erscheinungsformen auf dem weiten Spielfeld der Privilegien widmen – und zwar den NGOs. Die Namensgebung dieser sogenannten Nicht-Regierungsorganisationen ist dabei jedoch etwas irreführend. Man könnte denken, dass sie nichts mit der Regierung zu tun haben. In Wirklichkeit buhlen viele dieser Organisationen jedoch um staatliche Finanzierung. Das Sprichwort »Nomen est omen« muss hier zusammen mit der Redensart »Ausnahmen bestätigen die Regel« gelesen werden. Es verhält sich eher wie beim Honorarprofessor, der so heißt, weil er seine Tätigkeit der Ehre (von lat. *honor*) halber ausführt und kein Honorar bekommt. Das »non-governmental« in NGO kann also zumindest in Deutschland eher als »government-related« verstanden werden. Die Zuschüsse, um eigentlich private Organisationen und Projekte staatlich zu finanzieren, nehmen mehr und mehr zu. Oftmals bestimmt die politische Richtung der Regierung, welche Organisationen dann plötzlich mehr gefördert werden. So verwischt auch die Grenze zwischen Politik und privaten NGOs – und Ministerien fördern teils die Projekte, die eine ähnliche Agenda verfolgen wie die Partei, die das Ministerium besetzt. Wieder sind wir im Gruselkabinett der Privilegien.

Etwa 200 Millionen Steuergelder fließen in den »Kampf gegen Rechts«. Auch wenn manchmal unklar ist, was mit »Rechts« gemeint ist, so würde ich das Ziel, Neonazitum zu bekämpfen, also Fremdenfeindlichkeit, Antisemitismus oder Homophobie, durchaus unterschreiben. Ich denke, gegen eine rechtsradikale Gesinnung gibt es unzählige sehr gute Argumente. Dennoch bezweifle ich, dass die Überzeugungskraft dieser Argumente, die bei einer halbwegs gebildeten und reflektierten Person sowieso Anklang finden sollten, mit der Menge an ausgegebenem Geld oder der Anzahl der geschaffenen Stellen für Parteifreunde ansteigt. Sicherlich braucht es ein gewisses Budget für Bildungs- und Erinnerungsarbeit, bei vielen Projekten geht es aber darum, das Privileg abzusichern, auf fremde Kosten einen Arbeitsplatz zu haben. Dass es mehr Neonazis gibt, wenn es ein paar semiprofessionelle Webseiten und Broschüren weniger gibt, wage ich erheblich zu bezweifeln, zumal die Schulen ja auch bereits einen entsprechenden Bildungsauftrag haben.

Anders gesagt: Wenn zehn Bauarbeiter für eine bestimmte Aufgabe acht Stunden brauchen, brauchen 1.000 Bauarbeiter nicht plötzlich fünf Minuten. Wer hier für Wirtschaftlichkeit und Sparsamkeit plädiert, läuft leider Gefahr, dass ihm zumindest in politischen Kreisen das Wort im Mund umgedreht wird. Ich glaube dagegen, dass man durchaus die Ziele mancher NGOs befürworten kann, ohne jedoch ihre staatliche Finanzierung zu befürworten. Paradoxerweise kommt es auch immer wieder vor, dass etwa Organisationen Förderungen erhalten, die selbst im Verdacht stehen, extremistisch zu sein (oftmals im linksextremen Spektrum).

Die Reaktionen aus der Bevölkerung auf diese Staatsfinanzierung sind meist eher negativ, es ändert aber nichts an der gängigen Praxis. Dabei schreibe ich hier keineswegs etwas Investigatives. Unter dem Titel »Wenn der Aktivismus zur Bekämpfung politischer Gegner staatlich subventioniert wird« schreibt etwa die *WELT* über 4.472.572,56 Euro für das »Zentrum Liberale Moderne« der Grünen-Politiker Marieluise Beck und Ralf Fücks. Der Artikel von Frank Lübberding attestiert: »Beck, einst Staatssekretärin im Bundesfamilienministerium, und Fücks, ehemals Vorstand der Heinrich-Böll-Stiftung, profitieren buchstäblich von ihren guten Beziehungen in die Politik.«[5] Auch das Demokratieförderungsgesetz stand in der Presse – aus meiner Sicht zu Recht – durchaus ebenfalls in der Kritik. »Zivilgesellschaftliches Engagement sollte nicht von staatlicher Förderung abhängen. Es ist zweifelhaft, wenn der Bund sogar einseitige Vereine sponsert«,[6] kommentierte Reinhard Müller in

---

5 Quelle (abgerufen am 10.01.2024): https://www.welt.de/kultur/plus242119813/Zentrum-Liberale-Moderne-Wenn-politischer-Aktivismus-staatlich-subventioniert-wird.html
6 Quelle: (abgerufen am 10.1.2024): https://www.faz.net/aktuell/politik/inland/demokratiefoerdergesetz-staat-sollte-nicht-ngos-foerdern-18534297.html

der *FAZ*. Die Ampelkoalition etabliere damit »ein ihr genehmes politisches Vorfeld«, das »auf der moralischen Sonnenseite« stehen würde. Diese kritische Berichterstattung finde ich sehr wertvoll. Inzwischen geistert in der Politik die Idee herum, auch Zeitungsverlage staatlich zu fördern, nachdem ein erster Anlauf in der letzten Legislaturperiode gescheitert war. Ob dies im Falle einer Umsetzung von ähnlich kritischen Stimmen der privilegierten Zeitungen begleitet wird, bleibt abzuwarten.

Mit Gottes und mit Staates Hilfe – die Privilegien der Kirchen

Doch verlassen wir vorerst die weltliche Sphäre. Als ich noch jung und naiv war, dachte ich, die Kirchensteuer sei direkt an die Kirche zu zahlen und man bekäme einen Brief von der Kirche. So ist es ja auch, wenn man etwa Mitglied im Tierschutzverein ist: Die Aufforderung, den jährlichen Beitrag zu leisten, kommt direkt vom Verein selbst. Entsprechend überrascht war ich, als ich sah, dass das Finanzamt die Kirchensteuer per Bescheid festsetzt und eintreibt. Nicht nur, dass Religionsgemeinschaften den Rechtsrahmen des öffentlichen Rechts nutzen, sie nutzen auch die Infrastruktur des Finanzamtes, um jährlich über 12 Milliarden Euro Einnahmen einzustreichen. Doch nicht genug: Die Kirchen erhalten darüber hinaus jährlich zwischen 500 und 600 Millionen Euro direkt aus dem Steuertopf. Grund ist die Kompensation für Enteignungen, die vor etwa 220 Jahren stattfanden.

Laut einem Sachverständigengutachten aus der letzten Legislaturperiode wurden die Kirchen allerdings allein über die letzten 100 Jahre um das 193-Fache überkompensiert. Eine Einstellung der Zahlung würde nach Ansicht von Fachleuten zwingend eine Kompensation in Form einer Einmalzahlung erfordern, weshalb es bei diesem Thema seit Jahrzehnten keine Bewegung gibt. Obwohl die Mitgliederzahlen kontinuierlich schrumpfen, bekommen die beiden großen Kirchen jedes Jahr weiterhin viel Geld vom Staat. Auch dieses Privileg – historisch gewachsen – lässt sich so schnell nicht aus der Welt schaffen.

Die Krone der Schöpfung: Das deutsche Parteiwesen

Doch bleiben wir vorerst beim religiösen Wortschatz. Was für die Religion die Kirchen sind, sind für die weltliche Seite der Macht die politischen Parteien. Genau wie sich die Gläubigen in einer Kirche dem Glauben hingeben, versammeln sich die Parteimitglieder in den Reihen politischer Parteien, um ihre Vorstellungen von einer besseren Welt zu verwirklichen. Doch während in der Religion die Heilsversprechen oft auf das Jenseits verweisen, versprechen Parteien mehr Gerechtigkeit im Diesseits. Sie sind also Zusammenschlüsse von politisch Interessierten, die sich zu gemeinsamen politischen Zielen bekennen.

Allerdings lohnt es sich, genauer hinzuschauen. Die politischen Parteien in Deutschland sind nicht nur ein Spiegelbild der politischen Vielfalt, sondern sie entstammen – wenngleich sie inzwischen mit dem Parteiengesetz eine eigene Rechtsgrundlage haben – dem Vereinsrecht, sind strukturiert wie Vereine und haben auch das bürokratisch-intrigante Innenleben wie Vereine. Hier beginnt bereits das Dilemma. Die Strukturen und die Funktionsweise der Parteien erinnern an eine Mischung aus Kleingartenverein und exklusivem Club, je nachdem, auf welcher Ebene man ansetzt. Parteien bestimmen dabei letztlich faktisch, wer auf den Wahlzetteln stehen darf und somit überhaupt gewählt werden kann. Das bedeutet, dass die vereins- beziehungsweise parteiinternen Machtspiele, oft abseits der Öffentlichkeit, darüber entscheiden, welche Kandidaten auf den sogenannten Listenplätzen landen oder für Direktmandate kandidieren dürfen. Diese Kandidaten haben dann eine realistische Chance, ins Parlament gewählt zu werden. Die sogenannte Fraktionsdisziplin im Parlament sorgt dann dafür, dass die Abgeordneten den Anweisungen ihrer Partei fast bedingungslos folgen. Das Parlament wird somit zur Bühne für die Inszenierung der Macht der Parteien, sodass die Parteien oftmals mehr reale Macht haben als das Parlament.

Max Weber, ein bekannter Soziologe, hat diese Problemstellung bereits vor langer Zeit in seinem Werk *Politik als Beruf* treffend beschrieben. Er spricht von der »Herrschaft des Klüngels«[7], und tatsächlich erwecken die undurchsichtigen Verfahren und Seilschaften innerhalb der Parteien den Eindruck eines geschlossenen Machtzirkels. Eine »Elite« von Parteifunktionären entscheidet über die politische Ausrichtung und die Kandidaten, die dem Bürger dann zur Wahl präsentiert werden. Dabei bleibt oft fraglich, wie viel »Volk« tatsächlich in einer »Volkspartei« steckt. Ein weiteres Problem des deutschen Parteiensystems ist die sogenannte »Klientelpolitik«. Parteien versprechen ihren Anhängern, ihre Interessen zu vertreten. Diese Praxis führt dazu, dass Parteien nicht im Interesse der Gesamtbevölkerung han-

---

7 Quelle: Max Weber: Wissenschaft als Beruf / Politik als Beruf, Seite 72.

deln, sondern im Sinne ihrer Wählergruppen, auch wenn dies im Einzelfall destruktiv ist.

Die Parteienlandschaft ist geprägt von einem ständigen Ringen um Macht und Einfluss, was zuweilen dazu führt, dass Prinzipien und Ideale auf der Strecke bleiben. Parteien müssen sich finanzieren, und das geschieht nicht selten auf Kosten der politischen Unabhängigkeit. Großspenden von Unternehmen und Lobbygruppen sind keine Seltenheit, und es stellt sich die Frage, ob solche Geldflüsse wirklich im Sinne des Gemeinwohls sind. In einem Land, das stolz auf seine demokratischen Werte ist, sollte man erwarten können, dass die Parteienlandschaft transparenter und demokratischer ist. Doch die Realität zeigt, dass die Machtstrukturen in den Parteien undurchsichtig sind, die Interessenvertretung nicht immer im Sinne des Volkes erfolgt und die Finanzierung intransparent ist. Auch die üppige Staatsfinanzierung für den Bürokratieapparat der Parteien, für interne Parteiposten und die imposanten Parteizentralen darf man mindestens als kritisch bezeichnen. Wie wertvoll es für die Demokratie ist, dass mit der Wahlkampffinanzierung an jeder Laterne auf Pappe gedruckte Gesichter mit Sprüchen angebracht werden, die meist nicht einmal politische Botschaften beinhalten, sondern nur pures Marketing sind und klingen, als stammten sie aus der Feder eines schlechten Motivationstrainers, mag man wohl bezweifeln dürfen.

Die Parteienlandschaft mag das Herz der deutschen Politik sein, aber es ist ein Herz, das dringend einer Generalüberholung bedarf. Parteien mit ihren Parteitagen und lauter, aggressiver Sprache sind nämlich das genaue Gegenteil des oben angesprochenen Harvard-Konzeptes. Der Einfluss der Parteien und ihre Privilegien, wie die Schaffung von Posten und Positionen für politische Verbündete, sind so sehr ausgeprägt, dass wir meines Erachtens schon deutlich näher an einem Parteienstaat als am Ideal der vom Volk ausgehenden Staatsgewalt sind. Mehr Unabhängigkeit, weniger Fraktionsdisziplin und mehr echte Debatte im Parlament würden der Demokratie guttun. Tatsächlich richtet sich viel Kritik aus der Bevölkerung bei genauerer Betrachtung nicht gegen die Demokratie, sondern gegen das für Außenstehende oft unverständliche Profilierungsspiel der Parteien.

Parteinahe Stiftungen – Nachwuchsförderung auf Kosten des Gemeinwohls

In der weiten Welt der Privilegien, die das politische System durchzieht, gibt es einen weiteren Spieler, der unauffällig ist und dennoch erheblichen Einfluss auf die politische Landschaft nimmt, nämlich die parteinahen Stiftungen. Diese Stiftungen, die eng mit den Parteien verknüpft sind, mögen auf den ersten Blick wie gemeinnützige Organisationen erscheinen, die sich der Förderung von Wissenschaft, Bildung und internationalen Beziehungen verschrieben haben. Doch bei genauerer Betrachtung wird deutlich, dass sie in erster Linie der Nachwuchsförderung und der politischen Profilierung dienen – und das natürlich mal wieder auf Kosten des gemeinen Steuerzahlers. Bei den Stiftungen, die aktuell unterstützt werden, handelt es sich um die Konrad-Adenauer-Stiftung, die Friedrich-Ebert-Stiftung, die Friedrich-Naumann-Stiftung für die Freiheit, die Heinrich-Böll-Stiftung und die Rosa-Luxemburg-Stiftung, die – in dieser

Reihenfolge – der CDU, SPD, FDP, den Grünen und der Linkspartei nahestehen.

Die Idee hinter diesen parteinahen Stiftungen ist edel: Sie sollen junge Talente unterstützen, fördern und ausbilden, damit diese eines Tages die politische Bühne betreten und die Zukunft des Landes gestalten können. Auf den ersten Blick mag das vielleicht sogar positiv klingen. Allerdings nur, bis man sich die Frage nach der Finanzierung stellt. Diese Stiftungen werden großzügig mit Steuergeldern gefüttert, was an sich schon für Stirnrunzeln sorgen kann. Immerhin handelt es sich um Organisationen, die in erster Linie die Interessen ihrer jeweiligen Mutterparteien vertreten. Warum also sollten die Bürger Deutschlands für die Ausbildung der politischen Elite aufkommen, wenn diese letztendlich den Interessen ihrer Parteien dienen wird? Formal sind die parteinahen Stiftungen eigenständige Organisationen, aber in der Praxis sind sie eng mit ihren Mutterparteien verflochten. Das bedeutet, dass die Parteien nicht nur den Geldhahn aufdrehen, sondern auch einen gewissen Einfluss auf die Verwendung der Mittel haben.

Letztlich fördern diese Stiftungen nicht unbedingt die besten Talente, sondern vor allem jene, die der aktuellen Parteilinie am treuesten folgen. In höheren Positionen können zudem ausrangierte Politiker der eigenen Partei geparkt werden. Daher stellt sich die Frage, ob diese parteinahen Stiftungen wirklich notwendig sind. Es gibt zahlreiche andere Stipendien, die nicht an eine parteipolitische Ausrichtung anknüpfen. Warum also benötigen wir noch diese zusätzlichen Organisationen, die letztendlich vor allem den Menschen zugutekommen, die politisch denken und handeln? Sind unpolitische Talente nicht ebenso wertvoll für die Gesellschaft und somit förderungswürdig? Die

Entwicklung des Landes und der Welt entscheidet sich eben nicht nur in der Politik. Nicht umsonst sagt man, der USB-Stick habe mehr Bäume gerettet als alle Grünen zusammen. Insgesamt werfen die parteinahen Stiftungen mehr Fragen auf, als sie Antworten geben. Es ist daher meines Erachtens an der Zeit, ihre Rolle und ihre Finanzierung kritisch zu überdenken.

IV. Die Privilegien des Staates

Die ungeheure Macht, einfach entscheiden zu dürfen

In Friedenszeiten, wenn es den meisten halbwegs gut geht, vergisst man oft, wie mächtig ein Staat ist. Diese Macht wird meist nur in Zeiten der Krise sichtbar. Wenn Staaten Kriege gegeneinander führen, die Grenzen für wehrpflichtige Männer geschlossen werden, Aufstände niedergeschlagen werden, Häuser durchsucht, Ausgangssperren verhängt, Menschen verfolgt oder enteignet werden. Je nach Staat sind dieser Macht durch das Verfassungsrecht Grenzen gesetzt, doch dies ändert nichts daran, dass die Macht enorm ist. Selbst ein Unternehmen riesiger Größe kann das eigene Leben nur wenig beeinflussen, wenn man seine Produkte meidet und einfach keine Geschäfte mit ihm macht, doch der Staat kann das eigene Leben mit einem Fingerschnipp maßgeblich prägen. Er hat das Privileg der Gewalt, was ihn vom freien Handel unterscheidet, der auf Gleichberechtigung der Handeltreibenden beruht. Jahrhundertelang etwa wurden bestimmte Sexualpräferenzen staatlich unterdrückt, auch die Bundesrepublik Deutschland hielt noch zwei Jahrzehnte lang an § 175 StGB aus der Zeit des Nationalsozialismus fest, der Homosexualität unter Strafe stellte. Wenn Sie davon betroffen waren, haben Sie die Macht des Staates sehr intensiv spüren können. In modernen Ländern hat sich zwar mehr und mehr das Ideal des bürgerfreundlichen Staates durchgesetzt, doch dies ist eher ein vorläufiger Verzicht auf Machtausübung und weniger ein Verschwinden der potenziell vorhandenen Macht.

> »*Der starke Staat ist zurück. 40 Jahre nach der urwüchsigen Trickle-Down-Economy von Ronald Reagan (Wenn es den Reichen gut geht, sickert auch was für die Armen durch) und der ultra-liberalen Margaret Thatcher (›So etwas wie Gesellschaft gibt es nicht‹), 30 Jahre nach dem nordatlantischen Freihandelsabkommen von Bill Clinton haben die Ideen von Liberalisierung und Globalisierung im Westen ihre Prägekraft verloren. Die heutigen Regierungschefs sind Interventionisten.*«
> THE PIONEER BRIEFING, 13.07.2023

Die Lockdowns etwa haben gezeigt, wie schnell diese Macht wieder aufleben kann. In letzter Konsequenz hat der Staat die ungeheure Macht, einfach zu entscheiden. Auch die Diskussion um das soziale Pflichtjahr zeigt dies auf, ebenso noch viel deutlicher die frühere Wehrpflicht. Ich habe weder etwas gegen soziales Engagement, geschweige denn gegen die Bundeswehr, dennoch zeigt sich hier deutlich, wie massiv der Staat auch heute noch jederzeit mit seinen Entscheidungen in die private Lebensführung eingreifen kann. Früher haben uns Könige, Kaiser, Herzöge, Grafen und Fürsten regiert. Diese sind in vielen liberalen Ländern inzwischen verschwunden. Was uns aber geblieben ist, ist das öffentliche Recht. Noch immer wird zwischen Privatrecht und Hoheitsrecht unterschieden, also zwischen gleichberechtigten Rechtsverhältnissen unter Bürgern und Rechtsverhältnissen in einem sogenannten Über- und Unterordnungsverhältnis zwischen Staat und Bürger. Dies spüren Sie immer noch sehr gut, wenn Sie mal sehr dringend etwas von einer Behörde brauchen.

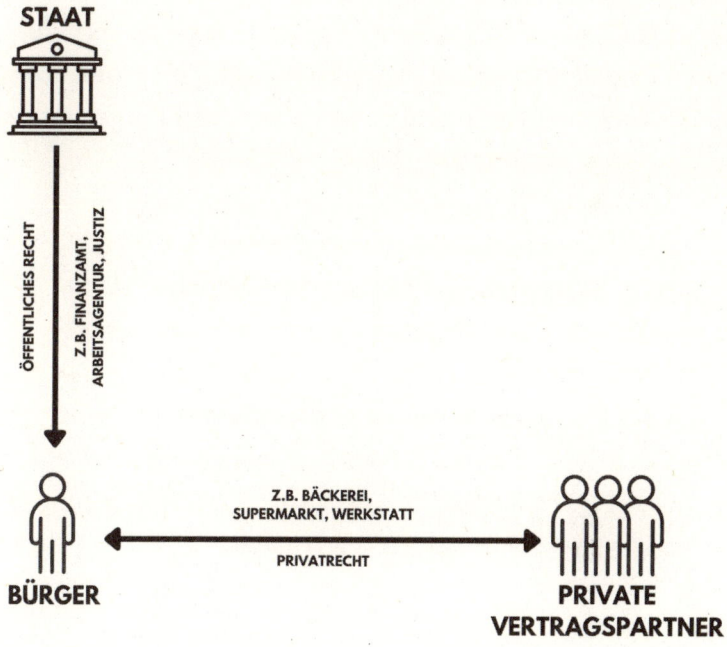

Das Problem: Privilegien erzeugen Arroganz. Während man arrogante, erfolgsverwöhnte Großkonzerne meiden kann, wenn ihr Kundenservice schlecht wird, ist es im öffentlichen Recht schon problematisch, überhaupt von einem Servicegedanken auszugehen. Dies soll gar kein pauschales Motzen sein, sondern die Feststellung, dass dies in einem Über- und Unterordnungsverhältnis abgesehen von Selbstverpflichtungen schlicht strukturell schwer umzusetzen ist. So sehr manche also über Privatisierungen meckern, letztlich bauen sie Privilegien ab, da es nur im Privatrecht Gleichberechtigung zwischen den Akteuren gibt.

Dass die Telekommunikation nicht mehr in den Händen von Beamten liegt und viele verschiedene Tarife verfügbar sind, ist aus meiner Sicht ein großer Fortschritt. Bei manch anderen staatlichen Aufgaben würde ich mir gelegentlich auch Konkurrenz wünschen. Zumindest aus Sicht eines Berliners – vielleicht funktioniert es anderswo besser – wäre ich sofort für eine Konkurrenz zur Kfz-Zulassungsstelle und zu den überfüllten Bürgerämtern.

> »*Der Staat unterwirft, kerkert ein und tötet. Die Menschen sind geneigt, das zu vergessen, weil der gesetzestreue Bürger sich der Ordnung der Obrigkeit klaglos unterordnet, um Bestrafung zu vermeiden. Aber die Juristen sind realistischer und nennen ein Gesetz, das nicht mit Zwang durchsetzbar ist, ein unvollkommenes Gesetz. Die Autorität der menschengemachten Gesetze beruht vollständig auf den Waffen der Polizisten, die für deren Vorschriften Gehorsam erzwingen.*«
>
> LUDWIG VON MISES

Der Leitgedanke des Über- und Unterordnungsverhältnisses findet sich jedoch leider nicht nur im Kleinen wie dem Behördenwahnsinn, sondern noch mehr im Großen. Er durchzieht das gesamte staatliche Denken und Lenken. Es wird entschieden, im besten Falle werden nur »Anreize gesetzt«. Das nicht auf Gleichberechtigung beruhende Eltern-Kind-Verhältnis zwischen Staat und Bürger, das uns aus früheren Zeiten in Form des öffentlichen Rechtes erhalten geblieben ist, steht im fundamentalen Gegensatz zu dem Recht, das wir aus dem Privatrecht gewohnt sind. Wichtigstes Gegengewicht sind die Verfassungen, in Deutschland also das Grundgesetz. Je bürgerfreundlicher ein

Staat letztlich wirklich ist, desto mehr Bürgerrechte räumt die Verfassung ein. Schweden etwa war oft Vorreiter, es war das erste Land, das die Pressefreiheit verbindlich festschrieb. Die überragende Bedeutung von Bürgerrechten als Abwehrrechte gegen das aufseiten des Staates bestehende hoheitliche Privileg des Über- und Unterordnungsverhältnisses wird von vielen Bürgern unterschätzt.

> »Die Grundrechte sind das Schönste und Beste und Wichtigste, was wir in unserem Staat haben.«
> PROF. DR. HERIBERT PRANTL

Neben dem Gewaltmonopol hat der Staat noch weitere Monopole, etwa das Währungsmonopol. Dieses wird keinesfalls immer im besten Interesse des Bürgers verwaltet, wie ein Blick auf die Inflation verrät. Obwohl Währungswettbewerb technisch möglich und wohl durchaus im Sinne der Bürger wäre, tun die Staaten meist alles, um ihr Privileg zu erhalten. Hohe Verschuldungsquoten und eine zumindest mittelschwere Inflation kommen den Staaten durchaus entgegen, auch wenn eine solche Politik faktisch nicht nachhaltig sein kann. Vielleicht ist dies ein Grund, warum das Vertrauen der Deutschen in den Staat aktuell auf einen neuen Tiefstand gesunken ist. Auch wenn der Staat als solcher nur ein Konstrukt ist, sollte man sich bewusst machen, dass wir es auch hier mit Privilegien zu tun haben, also Sonderrechten, die diesem Konstrukt zugestanden werden.

> »Wer Freiheit will, muss den Staat von den Dingen trennen, die ihn nichts angehen. Die Aufklärung trennte Staat und Religion. Jetzt brauchen wir die Trennung

> *von Staat und Wissenschaft, von Staat und Geldsystem und von Staat und Medien.«*
>
> Dr. Markus Krall

Natürlich kann man sagen, dass dieses Konstrukt – zumindest bei uns – demokratisch agiert. Hierzu ist anzumerken: Auch demokratische Macht ist Macht. Auch wenn in der Schule gelehrt wird, demokratische Entscheidungen seien gute Entscheidungen, sollte man das etwas relativieren. Genauso wie eine Gerichtsentscheidung, die einer Partei recht und der anderen Partei unrecht gibt, kann auch eine demokratische Entscheidung einen Konflikt nicht lösen, sondern nur entscheiden. Wenn 15 Schüler eine Skifahrt machen wollen und 14 lieber ans Meer, dann kann man natürlich sagen, die Skifahrt wurde demokratisch gewählt (der Konflikt also entschieden, nicht aber gelöst), man kann aber auch gemeinsam nach einem Ort suchen, der allen gefällt (oder zumindest auf eine breitere Zustimmung stößt, die auch die übrigen mitzieht). Demokratisch überstimmt zu werden ist nämlich Gewalt. Ich weiß, das wird kaum so gesehen. Definitorisch besteht für mich aber kein Zweifel. Man kann dies auch in Parlamenten beobachten. Das Gegenüber empfindet es als Gewalt und reagiert auch so. Wenn sich eine Mehrheit zu sehr abschottet und gar keinen Konsens sucht, weil in einer Demokratie die Mehrheit zähle, wird die Opposition irgendwann frustriert die konstruktive Arbeit einstellen, sich vermehrt auf Formalien zurückziehen, die Beschlussfähigkeit anzweifeln, gegen Entscheidungen klagen und den Gegner in der Presse anprangern. Das ist dann eigentlich nur noch ein gut bezahlter Kindergarten. Ich habe daher in meinem Buch *Politik ist das Problem, nicht die Lösung* bereits geschrieben, dass ich zwar ein begeisterter Anhänger etwa von

Recht mit Verfassungsrang, Rechtsstaatlichkeit, Gleichheit vor dem Gesetz, Macht auf Zeit und Gewaltenteilung bin, dass aber das reine »demokratische« Element, also das Prinzip, andere zu überstimmen, zwar funktionieren mag, aber der archaischste Teil unseres Staatswesens ist, der keineswegs besonders fortschrittlich ist. Oftmals werden in Parlamenten reine Scheindebatten geführt. Egal, wie gut die Argumente der Opposition sein mögen, wenn sich die Koalition vorher auf etwas geeinigt hat, wird das durchgezogen. Hier verlagert sich die Macht vom Parlament zu den Parteien.

> *»Die Grundlage der Demokratie ist die Volkssouveränität und nicht die Herrschaftsgewalt eines obrigkeitlichen Staates. Nicht der Bürger steht im Gehorsamverhältnis zur Regierung, sondern die Regierung ist dem Bürger im Rahmen der Gesetze verantwortlich für ihr Handeln.«*
>
> Gustav Heinemann

Eine zentrale Fehlannahme des Konstruktes ist außerdem, dass das zentral beim Staat oder in einem bestimmten Ministerium konzentrierte Wissen dem fragmentierten Wissen in der Gesellschaft überlegen sei, das die Menschen in ihren sozialen Interaktionen und freiwilligen Zusammenschlüssen erworben haben. Dass dies quasi unmöglich ist, zeigt sich an den Nebenwirkungen und Fehlanreizen, die regelmäßig auftreten, wenn der Staat von seinem Privileg zentraler Planung Gebrauch macht. Die Erkenntnis, dass weniger Planung mehr Ordnung bedeuten kann, erfordert jedoch viel praktische Erfahrung und Einsichtsfähigkeit, die nicht immer vorhanden ist. Anders ist es wohl nicht zu erklären, dass das Privileg der Zwangsanwendung so oft im Namen der guten Sache eingesetzt wird. Immer öfter denken staatliche

Organe, sie müssten den Bürgern mit neuen Gesetzen einen ganz konkreten Weg vorgeben, ohne in Erwägung zu ziehen, dass sich ein sinnvoller Weg auch ganz ohne Gesetz auf freiwilliger Basis durchsetzt und ein unsinniger Weg zu Recht scheitert. Dies zeigt sich schon im bestehenden System, das auf Pflichtmitgliedschaft in diversen Kammern, den verpflichtenden Rundfunkbeitrag und Berufsgenossenschaften setzt, damit penibel zwischen einem Unfall auf dem Weg zur Arbeit oder zum Supermarkt unterschieden wird, was ausschließlich in der gewachsenen juristischen Logik einen Sinn ergibt und rein praktisch völliger Unsinn ist, dafür aber viele Bürokratieapparate beschäftigt.

Wer kümmert sich dann um _____ wenn nicht der Staat ?

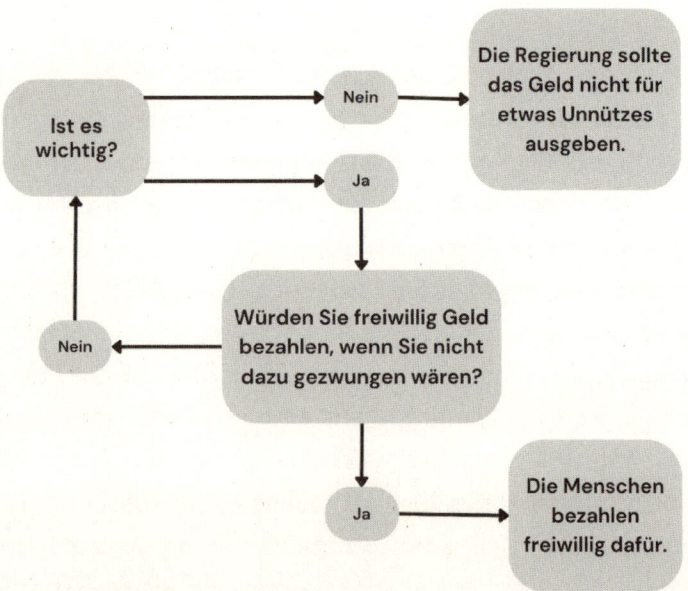

IV. Die Privilegien des Staates

Zuletzt sei auch die Macht staatlicher Sicherheitsorgane angesprochen, womit ich weniger die Polizei meine, die bei Verfehlungen sehr schnell im Zentrum der Aufmerksamkeit steht, sondern eher die staatlichen Inlands- und Auslandsgeheimdienste. Als ehemaliger Polizist würde ich sogar sagen, dass die Polizei noch zu den Behörden gehört, die am besten funktionieren – auch wenn sie leider ebenfalls zu Wasserkopfbildung und Ineffizienz neigt. Die Privilegien der Geheimdienste unterscheiden sich dagegen sehr von Staat zu Staat. Was ihnen oft gemeinsam ist, ist ihr fragwürdiger Output bei hohen Kosten. Das Bundesamt für Verfassungsschutz kostet eine halbe Milliarde Euro jährlich, der Bundesnachrichtendienst mit 6.500 Mitarbeitern über eine ganze Milliarde Euro. In rechtsstaatlichen Ländern halten sich Macht und Gefährlichkeit der Geheimdienste in Grenzen, nicht selten haben diese aber in Ländern, die es mit Bürgerrechten weniger genau nehmen, die berühmte »Lizenz zum Töten«. Um das Flugunglück von Ramstein ranken sich ebenso Mythen einer geheimdienstlichen Beteiligung, wie die Tötung Unschuldiger etwa durch den israelischen Geheimdienst vollständig erwiesen ist. Mit meinem Staatsverständnis ist dies nicht vereinbar. Wohin diese Privilegierung in Form des außergesetzlichen Handelns führen kann, zeigt ein Blick nach Russland, wo alle, die sich gegen Putin stellen, zufällig einen tödlichen Unfall haben, denn theoretisch vorhandene Macht wird immer irgendwann angewandt.

> *»›Staat‹ war und ist immer und überall die Institutionalisierung von Macht, und Macht bedeutet immer Verfügung über Menschen, also Einschränkung individueller Freiheitsrechte und Dominanz über persönliche*

Entscheidungsvorgänge. ›Staat‹ erzeugt oder schenkt nicht Freiheit, sondern lässt sie allenfalls unter dem Druck der Verhältnisse zu. Und dann keineswegs, soweit wie möglich, sondern nur ›soweit jeweils unerlässlich‹, für sein eigenes Überleben und sein eigenes Herrschaftsoptimum.«

Roland Baader

Man darf sich daher fragen: Sollte ein demokratischer Staat überhaupt Geheimdienste haben? So spannend fiktive Agentenfilme auch sein mögen, blicke ich aus liberaler Sicht sehr kritisch auf diese Einrichtungen. Im Geheimen agierende Behörden mit Sonderrechten erwecken nicht mein Vertrauen. Ein bissiger Hund bleibt ein bissiger Hund, auch wenn er einen Maulkorb tragen muss. Zumindest inländische Geheimdienstaktivitäten sollten meiner Meinung nach eingestellt und die Ressourcen in die Kompetenz der Kriminalpolizei fließen, die – so denke ich – auch das höhere Vertrauen in der Bevölkerung genießt, weil ihre Arbeit schlicht transparenter ist. Dies löst zudem das Problem der Doppelstrukturen und fehlender oder unzureichender Kommunikation zwischen den Behörden. Unabhängig aller Verbesserungsmöglichkeiten bleibt festzuhalten, dass das Konstrukt des Staates sehr viel Macht und damit Privilegien bündelt. Wer auf eine Baugenehmigung wartet oder von der bayerischen Ausgangssperre[8] betroffen war, wird dies möglicherweise nachfühlen können.

---

8 Diese wurden im Nachhinein als rechtswidrig eingestuft. Die Reaktion des bayerischen Gesundheitsministers war, darauf zu sagen, die Maßnahme sei wirksam und richtig gewesen, auch »wenn jetzt rückblickend Gerichte zu einer anderen Einschätzung kommen«. Auch hier wird der Gedanke des Über- und Unterordnungsverhältnisses sehr gut sichtbar, der Staat und Politik durchzieht. Anders ist diese Frechheit nicht zu erklären. Quelle (abgerufen am 14.03.2024): https://www.sueddeutsche.de/politik/corona-bayern-ausgangssperren-waren-rechtswidrig-1.5701052?reduced=true.

> *Die Macht, die ein Milliardär über mich hat, ist weitaus geringer als die des unbedeutendsten Beamten, der die Zwangsgewalt des Staates ausübt, um zu entscheiden, wie ich leben und arbeiten kann.«*
>
> Friedrich August von Hayek

Die Befugnis zur ungezügelten Expansion

Damit wären wir beim nächsten staatlichen Privileg, das wohl nahezu einzigartig ist. Wenn sich eine Firma vergrößern möchte, setzt dies einen entsprechenden Bedarf voraus. Beim Staat reicht der Wunsch. Jede Regierung wird größer als die vorherige, es werden immer mehr Stabsstellen, Berater und Bürokraten. Seit Regierungsbeginn wurden über 1.700 zusätzliche Stellen allein in den Bundesministerien geschaffen. Insgesamt war zu Beginn der Legislatur von 6.000 neuen Stellen die Rede, damals sollten davon »nur« 700 in den Ministerien sein. Dies ist aber keineswegs nur ein Problem der aktuellen Koalition. Von etwa 18.500 Stellen im Jahr 2012 ist der Personalapparat seitdem auf 30.200 Angestellte und Beamte in den Bundesministerien gewachsen. Die Beamtenstellen haben sogar um 82 Prozent zugenommen. Knapp 5 Milliarden Euro betragen somit allein die Personalkosten der Regierung. Die gesamten Personalausgaben des Bundes sind seit 2012 bis zum Antritt der Ampel-Regierung im Jahr 2021 sogar um 9 Milliarden Euro auf insgesamt 36 Milliarden Euro gestiegen. Vermutlich steigt der Wert sogar, während ich dieses Buch schreibe. *The sky is the limit.* Hinzu kommen noch Kosten für externe Beratung, die – zu Recht – auch vielfach kritisiert werden. Und es geht fleißig weiter. Wenn man etwa am Auswärtigen Amt vorbeigeht, sieht man, wie dort an einem gewaltigen Anbau gearbeitet wird. Man fragt sich bei jedem dieser Projekte, wie (und ob) ihre Notwendigkeit begründet wurde.

Zudem wird bekanntermaßen das Bundeskanzleramt, welches bereits jetzt die größte Regierungszentrale der westlichen Welt ist – laut The Pioneer Briefing (damals hieß es noch Steingarts Morning Briefing) vom 03.02.2022 achtmal größer als das Weiße Haus, zehnmal größer als Downing Street No. 10, dreimal größer als der Élysée-Palast« –, um satte 100 Prozent vergrößert. Dass sich auch die Arbeit verdoppelt hat, darf bezweifelt werden. Mit inbegriffen ist nebenbei eine 250-Quadratmeter-Dienstwohnung. Eine solche Wohnung würde, wenn man sie privat mietet, in Berlin etwa 10.000 Euro kosten. Ein nettes Extra. Das Problem: Aktuell gibt es mit einer einfachen Mehrheit kein Limit nach oben. Dies gilt auch für die parlamentarischen Staatssekretäre. Die Zahl dieser weitestgehend unbekannten Personen mit Spitzengehalt ist auf den Rekordwert von 37 gestiegen. Alle sind Doppelverdiener: Sie bekommen (mit einer kleinen Anrechnung) auch noch Geld als Bundestagsabgeordnete. Die Ausgaben für Abgeordneten-Diäten, Abgeordneten-Mitarbeiter, Spesen und Fahrbereitschaft hat sich in den letzten 20 Jahren von einer halben Milliarde Euro auf aktuell 1 Milliarde Euro verdoppelt. Die Langstrecken-Regierungsflotte wurde übrigens auch gerade erst von zwei auf drei riesige, mit der »Air Force One« vergleichbare, Flugzeuge mit Regierungskabine, Konferenz- und Bürobereich, Privatbereich mit Schlafzimmer und Bad sowie Intensivstation aufgestockt.

»Der einzige Weg, den Staat effizienter zu machen, ist, ihn zu verkleinern.«

Milton Friedman

Im Grunde braucht man diese vielen Beispiele fast gar nicht. Wenn man durch Berlin-Mitte läuft, sieht man das ganze Ausmaß der Expansion. Ob mit oder ohne Zahlenbeispiele – das Problem der Aufblähung ist selbst politisch weniger interessierten Menschen allgemein bekannt. Vermutlich ist es auch der Regierung bewusst. Die spannende Erkenntnis ist jedoch, dass sich hieran nichts ändert – und zwar unabhängig von der politischen Ausrichtung der amtierenden Regierung. Dieses Problem steckt tief im Staat selbst. Es handelt sich um eine Privilegienausdehnung in Form des Apparates, und die Ideen werden aus dem Apparat selbst heraus geboren. Durch das Spiel der Positionen, das ich bereits beschrieben hatte, und die fehlende gesetzliche Limitierung sowie die fehlenden Kontrollrechte durch die Opposition findet man sich nicht beim kleinsten gemeinsamen Nenner zusammen, sondern beim größten. Auch wenn Parteien wie CDU und FDP den Anschein erwecken, sie seien für mehr Haushaltsdisziplin, trifft dies nicht immer zu, wie auch die Personalausgaben des Bundes zeigen. Im Bundesland Berlin löste zudem vor etwas über einem Jahr ein schwarz-rotes Bündnis die rot-rot-grüne Koalition ab. Auch hier kam wieder der größte gemeinsame Nenner zur Anwendung. Die Rollen wechselten, nun kritisierte die Opposition, dass plötzlich 2,45 Millionen Euro für neue Stellen gebraucht wurden. »Gut bezahlte Versorgungsposten für Parteifreunde«[9] titelte der *Tagesspiegel*.

---

9 Quelle (abgerufen am 14.3.2024): https://www.tagesspiegel.de/berlin/gut-bezahlte-versorgungsposten-fur-parteifreunde-kritik-an-schwarz-rot-nach-neuorganisation-der-berliner-senatsverwaltungen-10216084.html

Da diese Tendenz eben keine Frage der politischen Richtung ist, würde meines Erachtens nur eine Deckelung durch die Verfassung helfen. Das Interesse, sich mit Reformen zu beschäftigen, ist ohne Not gering ausgeprägt. Lieber erweitert man das bestehende System um seine eigenen Ideen. Nur wenn ein Aufbau neuer Strukturen zwingend den Abbau alter Strukturen erfordert, besteht überhaupt ein Interesse daran.

Die Frage, die sich Staaten leider selten bis nie stellen: Was ist eigentlich mein Produkt? Was wird wirklich gebraucht – und was nicht? Es fehlt in diesem System, das wie erwähnt ursprünglich auf einem Über- und Unterordnungsverhältnis beruht, an Kundenorientierung. Trotz Fachkräftemangel besteht die Neigung, pauschal mehr Personal für alte Aufgaben einzusetzen und am Status quo festzuhalten, statt den Sinn einzelner Aufgaben zu hinterfragen. Leider bekommt der Bürger keine Rechnung, in der aufgesplittet wird, für welche Leistungen er zahlt, also wie viel Euro er konkret für den Bundeszuschuss zur Rentenversicherung, die Bundeswehr oder die Bundesministerien zahlt. Das wäre sicher sehr aufschlussreich. Natürlich kann man das jederzeit selbst ausrechnen, dennoch wäre es durchaus interessant, wenn die Steuern direkt transparent den jeweiligen Positionen zugeordnet würden. Wenn Sie eine Firma beauftragen, schlüsselt diese ja auch ihre Materialkosten und Arbeitsstunden einzeln auf. Der Staat dagegen füllt den allgemeinen Steuertopf und verteilt dann das Geld. Die Angst um Privilegien erschwert es jedoch, Ausgaben kritisch im Interesse des Allgemeinwohls und der kommenden Generationen zu hinterfragen. Neben dem Ego der Minister, das sicher manchmal auch eine Rolle spielt, laufen diese natürlich auch Gefahr, schnell den Rückhalt ihrer Beamten zu verlieren, wenn sie am eigenen Apparat sparen wollen.

Und zugegeben – der 25.600 Quadratmeter große Neubau auf der gegenüberliegenden Spreeseite des Bundeskanzleramtes mit eigenem Kindergarten, Wintergärten und Hubschrauberlandeplatz mag für die Beschäftigten sicherlich auch ein nett anzusehender Arbeitsplatz sein. Mit der Zeit geht auch der Blick für Dimensionen verloren. So will der Finanzminister bei den Beschäftigten der Bundesverwaltung etwa nicht sparen, da der Beitrag zu klein wäre. »Da reden wir über das Kakaopulver auf dem Cappuccino«, sagte Christian Lindner in The Pioneer Briefing vom 07.07.2023. Er mag zwar recht haben, dass diese Ausgaben im Verhältnis zu anderen Ausgaben gering erscheinen, er verkennt aber, dass man einerseits mit fremdem Geld schon aus Prinzip sparsam sein sollte und andererseits eine ausufernde Bürokratie durch Überregulierung viele weitere Probleme verursachen kann.

Ein weiteres bedenkliches Merkmal dieser ungezügelten Expansion ist die Tatsache, dass sie oft ohne klare strategische Ausrichtung erfolgt. Während Unternehmen in der Regel einem klaren Geschäftsplan und einem Ziel folgen, können staatliche Institutionen dazu neigen, in vielerlei Richtungen zu wachsen, ohne eine klare Vision oder Notwendigkeit, oftmals auch im Eigeninteresse der handelnden Personen. Dieses mangelnde strategische Denken und die fehlende Verantwortlichkeit für den Einsatz von Steuergeldern führen dazu, dass die Expansion des Staates oft unkontrolliert und chaotisch verläuft.

Das Privileg, nicht effizient arbeiten zu müssen

Ein weiteres Privileg des Staates ist es, nicht wirtschaftlich agieren zu müssen. So hart es klingt, aber Effizienz spielt eine untergeordnete Rolle, wenn man mit fremdem Geld arbeiten darf. Grundsätzlich ist ja noch nachvollziehbar, dass Personen in wichtigen Ämtern manchmal ein eigenes Flugzeug benötigen. Es wäre unrealistisch zu sagen, ein Bundeskanzler solle auf andere Verkehrsmittel ausweichen. Dies würde zeitlich und organisatorisch nicht funktionieren. Olaf Scholz allerdings absolvierte in den ersten zwölf Monaten seiner Amtszeit so viele Reisen wie keiner seiner Vorgänger zuvor. Doch während Scholz und seine Delegationen am Flughafen Berlin Brandenburg (BER) landeten und sich auf den Weg in die Hauptstadt machten, vollführte der Regierungsflieger eine eigenartige Performance. Er blieb nicht etwa in Berlin, sondern hob erneut ab, um Kurs auf Köln/Bonn zu nehmen. Dort wartete der Heimatflughafen der deutschen Regierungsflugzeugflotte. In nur sechs Monaten absolvierte die Flugbereitschaft 242 solcher »Leerflüge« zwischen den beiden Standorten. Auf Anfrage von Dietmar Bartsch ließ das Verteidigungsministerium sogar verlauten, dass 78 Prozent der Flüge ohne Passagiere durchgeführt wurden. Der Umzug der Flugbereitschaft ist zum Glück längst geplant – allerdings ohne Eile: nämlich im Jahr 2032. Bis dahin stehen die Flugzeuge der Berliner Regierung weiterhin am Flughafen Köln/Bonn. Jedes wirtschaftlich agierende Unternehmen würde alles dafür tun, diesen Umzug zu beschleunigen.

> »Der Staat schafft und schöpft nichts. Er ist eine einzige große Vernichtungsmaschine. Er verlangt immer neue

Opfer und verbraucht stets mehr moralische und materielle Güter als er hervorbringen kann.«
Prof. Dr. Jörg Guido Hülsmann

Der Kanzler ist allerdings nicht der Einzige, der kein Händchen für effizientes Handeln hat. Die Minister Habeck und Heil flogen mit zwei verschiedenen Flugzeugen gleichzeitig nach Indien – »instinktlos und peinlich« nennt das die *BILD*.[10] Es ist die logische Konsequenz des Privilegs, nicht wirtschaftlich verantwortlich zu sein, meine ich. Hier liegt keine Charakterschwäche dieser Personen vor, sondern das staatliche System ist darauf angelegt. Die stoische Ineffizienz durchzieht auch die Verwaltung. Man könnte sogar vom Privileg, sich nicht weiterentwickeln zu müssen, sprechen – oder noch böser, vom Privileg, die Digitalisierung verschlafen zu dürfen. Hierbei sei noch einmal klargestellt: Ich möchte nicht über die Verwaltung herziehen, schon gar nicht über die vielen Menschen, die dort ihre Arbeit verrichten. Es geht vielmehr um ein strukturelles Problem. Staatliche Einrichtungen können nicht pleitegehen und sich dem Wandel dadurch lange entziehen. Politischer Druck hat nicht die gleiche Intensität wie der Druck, der auf einem Selbstständigen lastet, dessen Firma nicht rundläuft. Dieser fehlende Problemlösungsdruck, der eben in gewisser Weise ein staatliches Privileg ist, führt dann dazu, dass sich Behörden bis heute gegenseitig Briefe schreiben. Wenn eine Behörde auf die Mitwirkung einer anderen Behörde angewiesen ist, ist das ganz und gar keine Seltenheit. Dass der Staat bei der Digitalisierung in der Verwaltung versagt und viel seltener papierlose Verfahren als die freie Wirtschaft nutzt, liegt

---

10 Quelle: Angelika Hellemann in BILD Deutschland, 14.07.2023, Seite 2.

allerdings nicht daran, dass wir die falsche Partei gewählt haben, sondern daran, dass der Staat strukturell unterlegen ist, wenn es darum geht, Innovation voranzutreiben. Gerade Leistungen, die einem Monopol unterworfen sind, werden immer einer Entwicklungsverzögerung unterliegen. Werden diese dann auch noch mit einem festen Budget erbracht oder aus feststehenden Beiträgen finanziert, ist Innovation schlicht nicht nötig. Sie findet natürlich trotzdem statt, da es immer engagierte Menschen geben wird, aber sie wird niemals die Geschwindigkeit erreichen, die bei einer besseren Anreizstruktur erreicht würde. Das liegt im System begründet – ich als Politiker könnte es nicht »besser«.

Man sollte es meines Erachtens auch gar nicht besser machen. Diese Aussage mag zunächst verwirren. Doch genauso, wie ich für weniger Politik statt einer besseren Politik bin, würde ich auch hier akzeptieren, dass staatliche Verwaltung in ihrer Leistungsfähigkeit naturgegeben strukturell begrenzt ist, solange sie monopolistisch agiert und insolvenzgeschützt ist. Es bringt nichts, sich darüber aufzuregen, dass zu Corona-Zeiten die Gesundheitsämter die Quarantäneaufforderungen teils erst nach Ablauf der Quarantänezeit verschickt haben oder dass Hilfsgelder nach Großschadensereignissen fast nie pünktlich bei den Betroffenen ankommen (so schlimm das auch ist). Sie können es nicht besser. Ein Fisch kann nicht fliegen. Der risikolose Staatsdienst bringt Konstanz und hat in gewissen Bereichen seine Berechtigung. Schnell und dynamisch wird er nie sein. Der Staat hat seine Stärke als Schiedsrichter. Er ist ein schlechter Spieler. Man sollte gar nicht versuchen, ihn zu einem besseren Spieler zu trainieren. Wo immer man Behörden Verantwortung entziehen kann und damit Private beauftragen kann, sollte man das machen. Im besten Falle hat man dann eine kleine, agile Behörde, die die Spielregeln nur noch überwachen muss. Damit würde das Privileg der Ineffizienz verschwinden. Profitieren würden letztlich die Bürger.

> *»Stellen Sie sich vor, Sie lebten in einem System, in dem Sie zum Autokauf verpflichtet sind. Allerdings bestimmt einseitig der Verkäufer Modell, Ausstattung, Motorisierung und sogar den Preis! Sie als Käufer müssen seine Wahl in jedem Fall akzeptieren. Abwegig? Ersetzen Sie einfach die Worte ›Verkäufer‹ durch ›Regierung‹ und ›Käufer‹ durch ›Staatsbürger‹, und Sie werden merken, dass Sie sich genau in einem solchen System befinden.«*
> Titus Gebel

Auch ein privater Anbieter, der die Regierungsflüge abwickelt, würde seine Flotte vermutlich schneller zum BER verlegen können als bis zum Jahr 2032. Der Volksmund weiß: Wer will, findet Wege, wer nicht will, findet Gründe. Das Privileg des fehlenden Wettbewerbs, das der Staat schon logisch folgernd auf seinem Staatsgebiet in seinen Aufgabenbereichen innehat, kann nur dadurch in Schach gehalten werden, dass man die Aufgabenbereiche nicht allzu sehr ausweitet. Hat man dagegen fest zugewiesene Geldtöpfe und das Budget ist »einfach da«, muss man sich natürlich keine Sorgen um die Wirtschaftlichkeit machen. Fehlende Effizienz kann man dann dadurch ausgleichen, dass man mehr Personal wirbt. Dies führt zu einer Fehlallokation des Personals. Manche Behörden klopfen sich dann noch auf die Schulter dafür, dass sie im Gegensatz zur bösen Wirtschaft Mitarbeitern an ihrem Geburtstag freigeben. Das ist zwar sicher eine nette Geste, aber eben eine nette Geste auf Kosten anderer. Gerade beim Fachkräftemangel der nächsten Jahre sollte der öffentliche Dienst dem freien Markt nicht auch noch gut ausgebildete Arbeitskräfte wegnehmen, weil bei Behörden und Gerichten manche Dinge immer noch manuell und auf Papier ausgerechnet und beschieden werden und viele Ressourcen in die Eigenverwaltung fließen.

Privilegien im Dienste des Staates

Auch der Staatsdienst selbst strotzt vor Privilegien, die vielfach historisch gewachsen sind und deren heutige Sinnhaftigkeit angezweifelt werden darf. Insbesondere der Beamtenstatus weist zahlreiche Besonderheiten auf. Im Gegenzug zur Treuepflicht zum Staat und dem fehlenden Streikrecht sind Beamte mit vielerlei Privilegien ausgestattet. Ich möchte vorwegnehmen, dass meine Kritik vorwiegend struktureller Natur ist. Sie richtet sich nicht gegen die Menschen, etwa die Polizei und Feuerwehr, für die der Beamtenstatus durchaus sinnvoll ist. Vielmehr geht es um das grundsätzliche Konzept des Beamtentums, aber auch um die Ausweitung aus politischen Motiven. Die Zahl der Beamten inklusive Richtern ohne Soldaten lag im Jahr 2015 noch bei 1,67 Millionen, im Jahr 2022 schon bei 1,75 Millionen. Das mag erst mal wenig klingen, doch Beamte stellen einen gewaltigen Kostenfaktor dar.

Welche Privilegien sind mit dem Beamtenstatus verbunden? Zunächst einmal müssen Beamte nicht in die gesetzliche Rentenversicherung einzahlen, sondern bekommen im Alter eine Pension, die auch gänzlich anders berechnet wird als die Rente. Während sich die Rente an dem orientiert, was man tatsächlich eingezahlt hat, wird die Pension anhand der letzten Dienstbezüge ermittelt. Dies ist wohl einer der entscheidenden Gründe, warum Pensionäre deutlich wohlhabender sind als Rentner: Die durchschnittliche Pension ist etwa dreimal so hoch wie die durchschnittliche Rente. Dieses Privileg ist wirklich gewaltig. Der Vorteil für den Staat liegt darin, dass er zunächst weniger Ausgaben hat, auch wenn sich dies später rächt. Mitunter wird diskutiert, ob die derzeitige Ausgestaltung der Pension verfassungswidrig sein könnte, da für die entstehenden Ansprüche keine Rücklagen gebildet werden. Davon unabhängig ist diese Privilegierung meines Erachtens auch moralisch fragwürdig. Natürlich gilt Bestandsschutz für die aktuelle Beamtenschaft, aber zumindest in der Zukunft wäre eine Reform jederzeit möglich. Man darf jedoch davon ausgehen, dass die entsprechenden Verbände dann sofort Alarm schlagen und um ihre Privilegien kämpfen würden. Gesamtgesellschaftlich allerdings ist dieses System eigentlich kaum noch zu rechtfertigen. Damit einher geht auch die fehlende Vergleichbarkeit zwischen einem Angestellten-Brutto und einem Beamten-Brutto, da Beamte keine Sozialabgaben zahlen.

Bei Beamten sieht die Brutto-Besoldung niedrig aus, jedoch ist der Abstand zum Netto deutlich geringer als bei den Angestellten. Abzuziehen sind nur die Lohnsteuer und die Kosten für die private Krankenversicherung, wobei jedoch nur ein Teil des Risikos versichert werden muss, da der andere Teil eventueller Krankheitskosten vom Dienstherrn übernommen wird. Beiträge zur Renten- oder Arbeitslosenversicherung fallen für Beamte nicht an. Im Ergebnis muss man auf den Brutto-Wert einen gewaltigen Aufschlag vornehmen, wenn man ihn mit einem Angestellten-Brutto ernsthaft vergleichen wollen würde.

Dies ist auch hochgradig intransparent, wenn man die Gehälter verschiedener Berufe vergleicht, da man normalerweise nur die Brutto-Werte betrachtet. Ebenso erwähnenswert ist, dass Beamte ihre Dienstbezüge auch bei Krankheit unverändert erhalten, während Angestellte nach sechs Wochen keine Lohnfortzahlung des Arbeitgebers genießen, sondern ein verringertes Krankengeld der Krankenkasse erhalten. Rechnet man also den Sozialversicherungsvorteil und den Pensionsvorteil sauber ein, müsste man – je nachdem, ob man den Arbeitgeberanteil zur Rentenversicherung bei den Angestellten verrechnet und wie man den Lohnfortzahlungsvorteil der Beamten monetär bewerten würde – einen Aufschlag von einem Drittel bis zur Hälfte der ausgewiesenen Brutto-Bezüge vornehmen. Beamte verdienen also deutlich mehr, als man es als Laie annehmen könnte.

Wer nicht gerne rechnet, hat keine Chance, wirklich zu verstehen, wer wie viel in der Gesellschaft verdient und wie viel er abgeben muss – und trifft womöglich schnell die falsche Entscheidung bei der Berufswahl. Ich kann mich zumindest auch nicht erinnern, dies in der Schule gelernt zu haben (obwohl Lehrer doch meist auch Beamte sind). Ich will auch gar keinen Neid schüren. Wenn die Arbeit dies wert sein sollte, habe ich gar nichts dagegen, dass sie entsprechend entlohnt wird. Die Frage ist, warum die wahren Werte in einem Parallelsystem verschleiert werden. Natürlich kann das (theoretisch) jeder recherchieren und nachrechnen, in der Praxis tut dies jedoch niemand. Die in den öffentlichen Tabellen nachlesbaren Brutto-Dienstbezüge von Beamten sind so de facto eine Täuschung jedes Bürgers, der sich mit dieser Thematik vorher nicht intensiv beschäftigt hat.

Hinzu kommt die Krankenversicherung im privaten Parallelsystem. Eigentlich ist es fast zynisch, dass ausgerechnet Beamte, die dem Staat am engsten verbunden sind und im öffentlichen Recht agieren, gerade nicht im öffentlich-rechtlichen System versichert sind, sondern in der privaten Krankenversicherung, während sich Beschäftigte der Privatwirtschaft im öffentlich-rechtlichen System versichern müssen. Die private Krankenversicherung hat zwar nicht nur ausschließlich Vorteile, es kann aber dennoch als Privileg betrachtet werden. Auch diesen Umstand könnte man noch quantifizieren. Ebenfalls nicht in die Rechnung einbezogen habe ich den Zuschlag für Heirat und die Familienzuschläge pro Kind, die ab dem dritten Kind besonders hoch ausfallen – wohl auch ein Grund, warum viele Beamte drei Kinder haben. Letztlich kann man, wenn man eine Angestelltenposition und eine Beamtenstelle miteinander vergleicht, wohl mit gutem Gewissen einen pauschalen Aufschlag von 50 Prozent auf das Beamten-Brutto vornehmen, um sich dem wahren Wert eines solchen Dienstverhältnisses zu nähern. Dennoch habe ich mein Beamtenverhältnis freiwillig aufgegeben. Ich schreibe das auch nicht, damit alle Beamte werden wollen, sondern um Transparenz zu schaffen. Ob ein Beamtenverhältnis erstrebenswert ist, muss jeder für sich entscheiden. Wirtschaftlich attraktiv ist es aber definitiv. Der Hofhund ist zwar frei von Not, jedoch eben nicht wirklich frei. Daher wäre ich doch lieber der freie Fuchs im Wald.

Nichtsdestotrotz wird diese Sicherheit von vielen als großes Privileg empfunden – ich bin wohl die Ausnahme. In gewisser Weise ist es auch eine etwas unfaire Form der Sicherheit. Ein Blick auf den Krankenstand vielerorts verrät, dass zu viel Sicherheit auch sehr negative Anreize setzen kann. Beamte sind im Schnitt doppelt so oft krank wie Arbeitnehmer. Oftmals liegt also gar kein Personalmangel vor, sondern der Krankenstand ist schlicht zu hoch. Irgendetwas kann also an zu viel Sicherheit nicht gesund sein. Noch gelassener konnten Beamte die wirtschaftlichen Folgen der Corona-Maßnahmen nehmen: Während viele Berufsgruppen schwere Einschnitte hinnehmen mussten, gab es für Beamte – überspitzt formuliert – überwiegend Homeoffice und später sogar Zulagen. Natürlich wählt jeder seinen Beruf und natürlich haben Selbstständige ein höheres Risiko und haben sich dafür entschieden, dennoch kam angesichts branchenübergreifend weit verbreiteter Kurzarbeit wohl kaum eine Berufsgruppe so gut weg wie die Beamten (und politische Mandatsträger).

So sehr ich dennoch allen Polizisten und Feuerwehrleuten die genannten Vorteile gönne, muss man sagen, dass genau für diese Tätigkeiten viel zu wenig Leute bereitstehen. Während »unten« Mangel herrscht, werden die Stellen der Homeoffice-Elite »oben« immer mehr. Selbst bei der Polizei sind pro Stelle im Streifendienst viel zu viele Stellen in den Stäben eingerichtet. Da dies sehr lukrativ ist, besteht natürlich auch ein Anreiz, mehr solcher Stellen zu fordern. Diese Fehlentwicklung könnte nur dadurch gestoppt werden, dass man das gesamte System der statusspezifischen Privilegien für Beamte grundlegend reformiert.

Ein zweiter großer Punkt neben der Besoldung ist das Privileg, nur noch begrenzt am Kriterium der Leistung gemessen zu werden. Ich will nicht zu sehr das Vorurteil des unkündbaren Beamten, der direkt nach Arbeitsbeginn erst mal frühstücken geht, schüren, dennoch ist es kein Geheimnis, dass das Beamtendasein durch seine Risikolosigkeit durchaus zu einer gewissen Mentalität führt, mit der sicherlich jeder schon einmal zu tun gehabt hat. Dabei geht es nicht darum, alle pauschal über einen Kamm zu scheren. Jeder Mensch ist anders, dennoch sind in bestimmten Gruppen bestimmte Tendenzen sichtbar. Die Leistungsorientierung ist dabei insgesamt geringer ausgeprägt, oftmals hat eher Fehlervermeidung Vorrang. Auch Innovation genießt eine sehr geringe Priorität. Da der Output eine untergeordnete Rolle spielt, hat keiner einen persönlichen Schaden, wenn man manches komplizierter macht als nötig. Als Polizist sagte ich früher: »Bei der Polizei siehst du erst das Leid draußen, danach kommt die bürokratische Bearbeitung, dann siehst du das Leid drinnen.« Um ein Wort nicht handschriftlich zu ändern, das der Vorgesetzte anders formuliert haben möchte, wird lieber der Computer neu angemacht und alles neu gedruckt und unterschrieben. Die Beamtenmentalität hat schon oftmals ihre ganz eigene »Logik«. Wenn Sie Ihren Reisepass (also ein Ausweisdokument mit Bild) abholen, fragt man natürlich nach Ihrem Ausweis und schaut sich das dortige (alte) Bild an. Hauptsache umständlich.

Die langsame und oft umständliche Arbeitsweise zeigt sich ebenso an staatlichen Gerichten. Auch diese bestehen letztlich nur aus Bürokraten. Die staatliche Justiz ist in vielerlei Hinsicht ein Spiegelbild der typischen Beamtenmentalität und berühmt für ihre Langsamkeit. Man fühlt geradezu den sehr berühmten Spruch: »Vor Gericht und auf hoher See bist du in Gottes Hand.« Auch wenn dies eigentlich auf die Ungewissheit der Entscheidung anspielt, so gilt es auch für die Dauer. Kein privater Dienstleister dürfte wohl so lange brauchen wie ein staatliches Gericht. Kundenorientierung ist quasi nicht vorhanden, die Richter werden geradezu zur Arroganz erzogen. Die Beamtenmentalität der Gerichte führt in der Bevölkerung immer wieder zu Unverständnis. Wenn Haftbefehle nicht rechtzeitig zugestellt werden und Täter weitere Straftaten begehen oder Zeugen retraumatisiert werden, weil sie zweimal aussagen müssen, wenn Prozesse wegen fehlerhafter Urlaubsplanung oder Ruhestand eines Richters neu aufgerollt und von vorn begonnen werden müssen.

Auch in Bezug auf den persönlichen Kontakt und die technologische Modernisierung hinken staatliche Gerichte oft hinterher. Es ist frustrierend, dass persönliche Anwesenheit in vielen Fällen immer noch als zwingend notwendig angesehen wird, selbst wenn die Beweislage eindeutig ist. Diese veralteten Verfahren sind nicht nur zeitaufwendig, sondern auch kostspielig und ineffizient. Im Zeitalter der digitalen Kommunikation und des Online-Geschäftsverkehrs sind staatliche Gerichte oft noch auf Faxnummern und Postadressen beschränkt. Auf den Schreiben vieler Gerichte finden Sie tatsächlich keine E-Mail-Adresse. Sie müssen also selbst für eine bloße Information, die keiner Unterschrift bedarf, einen Brief schreiben, ausdrucken und zur Post bringen – oder ein Fax versenden. Viele Menschen unter 30 wissen aber gar nicht mehr, was das ist. Die Möglichkeit, Online-Verhandlungen abzuhalten, wird selten genutzt. Rechtlich ist es zwar möglich, aber ältere Richter ignorieren diese Möglichkeit konsequent. Während Anwälte zur digitalen Kommunikation mit den Gerichten gezwungen sind, dürfen die Gerichte kommunizieren, wie sie wollen, also oftmals noch per Brief. Und was wird mit den digitalen Schriftsätzen natürlich oft noch gemacht? Na klar – sie werden ausgedruckt. Warum? Weil es ein Privileg des Staatsdienstes ist, sich nicht weiterentwickeln zu müssen. Während die private Wirtschaft bestrebt ist, Prozesse zu beschleunigen und zu modernisieren, bleibt die Justiz oft auf der Strecke und zeigt, wie stark die Beamtenmentalität auch in diesem Bereich verwurzelt ist.

IV. Die Privilegien des Staates

In den Verfahrensregeln stecken ebenfalls ganz tief die Privilegien des öffentlichen Rechts. Es ist geradezu absurd, dass jemand, der in der ersten Instanz gewinnt und die zweite verliert, trotzdem die Kosten für beide Instanzen tragen muss. In der Privatwirtschaft wäre ein solches Geschäftsmodell undenkbar. Stellen Sie sich vor, Sie beauftragen bei einem privaten Anbieter ein Gutachten, und wenn es nachträglich korrigiert werden muss, wird Ihnen das Doppelte berechnet. In der obrigkeitlichen Denkweise des Staates ist das nur logisch. Zahlen muss zum Schluss immer der Bürger. So etwas erlaubt sich nur der Staat. Das nachfolgende Zitat ist auch ein zum Lachen und Weinen animierendes Beispiel, wie die obrigkeitliche Denkweise sowohl von Behörden als auch von Gerichten funktioniert: »Die Kritik der Anwohner, sie seien nicht beteiligt worden, wies der Richter zurück. Sie hätten Beschwerden eingereicht, der Bezirk habe diese abgelehnt. Rechtlich sei das eine Form der Beteiligung.«[11]

Im gesamten öffentlichen Sektor gibt es oft keinen direkten Wettbewerb. Bürger haben nur begrenzte Möglichkeiten, staatliche Dienstleistungen oder Produkte zu wählen oder zu beeinflussen. Dies kann dazu führen, dass staatliche Stellen weniger motiviert sind, qualitativ hochwertige Dienstleistungen anzubieten oder effizient zu arbeiten, da sie auch schlicht nicht an ihrer Leistung gemessen werden. Stattdessen entwickeln sie oft ein seltsames Eigenleben. So beschäftigte man sich in Rheinland-Pfalz damit, ob der Verkauf von halben Broten in Bäckereien denn legal sei. So tätigte ein Eichamt tatsächlich verdeckte Käufe von Broten, um danach mit hohen Bußgeldern zu drohen, da das Teilen in der Mitte Pi mal Daumen nicht legal sei. Eben-

---
11 Quelle: dpa, 06.07.2023.

so unsinnig: Am Flughafen BER werden leere Taxen aus Berlin weggeschickt, weil nur 500 von ihnen eine Ladeberechtigung für den Flughafen beantragen durften. Taxen ohne diese Ladeberechtigung müssen also nach Absetzen eines Fahrgastes wieder verschwinden, um Platz zu machen für die Taxen, die aufgrund ihrer Ladeberechtigung leer zum Flughafen fahren, um dort Fahrgäste einzusammeln. Jeder normale Mensch würde sagen: Wer einen Fahrgast abgesetzt hat, kann auch wieder einen einsammeln. Nicht so jedoch die Ordnungsbehörde. Leer wegfahren ist die Devise, damit lizenzierte Taxen ohne Fahrgäste anfahren können. Wer noch mehr Beispiele braucht: Mancherorts haben es die Behörden auf Elektrofahrzeuge an Ladesäulen abgesehen, für die kein »E« am Ende des Kennzeichens beantragt wurde. Ohne diesen Zusatz sind diese Fahrzeuge aber aus Beamtensicht keine Elektrofahrzeuge und parken zu Unrecht an einer Ladesäule – selbst wenn sie gerade laden. Ich bin absolut kein Gegner von Ordnung, aber diese Form der Beschäftigung hat definitiv nichts mit Wertschöpfung zu tun. Diese Einzelfälle gab es immer, und es wird sie auch zukünftig geben. Sobald dieses Buch veröffentlicht wurde, wird es neue Beispiele geben. Diese Denkweise wird immer gedeihen, wenn Menschen sich nur mit Regeln beschäftigen, ohne dass ihre Tätigkeit in irgendeiner Art und Weise wertschöpfend sein müsste. Sie ist das Produkt des Privilegs, völlig von Wertschöpfung abgekoppelt zu sein. Das Paradoxe ist, dass der Staat damit denjenigen Schaden zufügt, die diese Strukturen finanzieren, und dabei selbst noch Kosten verursacht.

»Es gibt keinen Grund zu glauben, dass Bürokraten und Politiker – egal wie wohlmeinend sie sein mögen – Prob-

leme besser lösen könnten als die Menschen vor Ort, die den stärksten Anreiz haben, die richtige Lösung zu finden.«

Elinor Ostrom

Tatsächlich verlieren Menschen wirklich Geld, wenn bestimmte Anträge zu lange warten oder berechtigte Widersprüche nicht bearbeitet werden. Wenn dann als Ausrede der hohe Krankenstand kommt oder dass die Unterlagen aus Datenschutzgründen nicht ins Homeoffice mitgenommen werden dürfen, macht der Beamte das, was er leider viel zu oft tut: Er macht die Probleme des Staates zum Problem der Bürger. Die Lösung wäre, Aufgaben zu reduzieren. Um eines der Beispiele aufzugreifen: Es gibt keine Notwendigkeit zu regeln, welche Taxen am Flughafen Fahrgäste abholen. Die Begrenzung ist nichts weiter als eine Beschäftigungstherapie für die Behörden und ein Privileg für die Lizenzinhaber. Wer eine solche Verordnung ausformuliert, hat zwar gearbeitet, aber keineswegs etwas geleistet. Es ist nichts weiter als ein Privileg, mit einer eigentlich komplett nutzlosen Aufgabe Geld verdienen zu dürfen. Jeder Taxifahrer leistet mehr als der Jurist, der sich das ausgedacht hat. Die Gesetzgebung kommt oft dem modernen Leben nicht hinterher. Das wäre erst mal nicht schlimm, wenn sich die Verwaltung ihre eigene Begrenztheit eingestehen würde und auf eine allzu häufige Intervention verzichten würde. Nicht ohne Grund wird Überregulierung in Wirtschaftskreisen als Hauptproblem des Landes angesehen.

Gier nach Privilegien

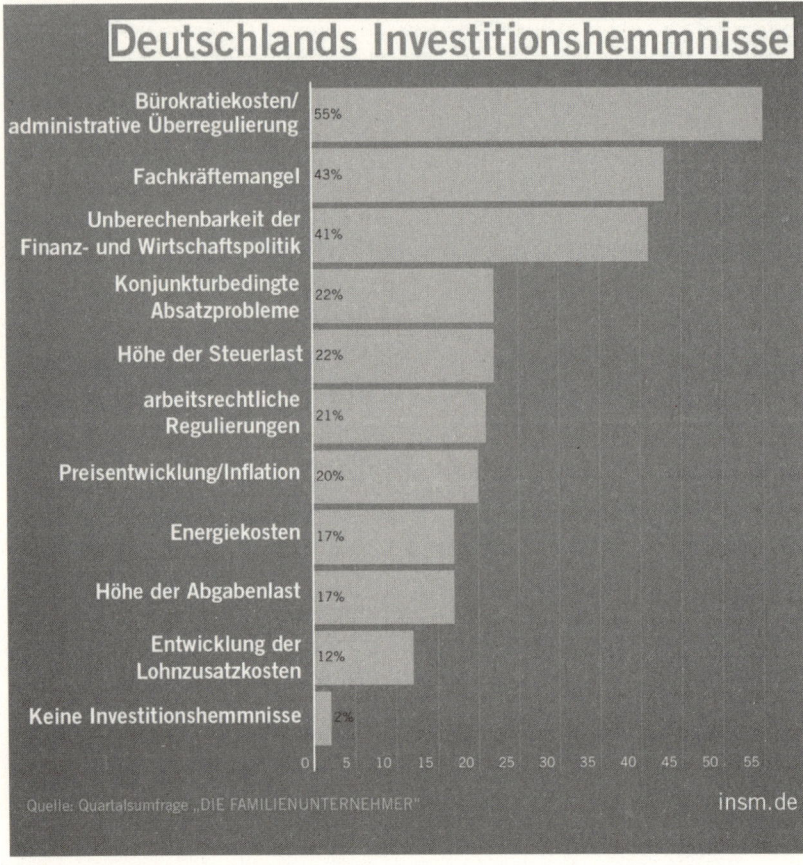

Mut zur Lücke wäre angebracht. Man staunt, wie viele Probleme durch weniger Reglementierung lösbar wären. Wenn etwa gut ausgebildete Migranten um ihre Aufenthaltserlaubnis fürchten müssen, weil sie keinen Termin bei der Ausländerbehörde bekommen, stelle ich die Frage: Wozu ist das so wichtig? Warum darf sich jemand, der keine Sozialleistungen benötigt, nicht einfach frei bewegen? Wer hat etwas von dieser engmaschigen Bürokratie? Stattdessen versagt der Staat dann, wenn es etwa darum geht, gefährliche Straftäter in höherer Geschwindigkeit aus dem

Verkehr zu ziehen. Sich auf das Wesentliche besinnen und das gut machen, was benötigt wird – dies tun eigentlich alle Organisationen, die auf Effizienz angewiesen sind. Der Staat und sein Beamtentum haben sich hiervon jedoch abgekoppelt – sie brauchen mehr Kontrolle und weniger Privilegien.

Die Gegenwart auf Kosten der Zukunft retten

Dass jeder Euro nur einmal ausgegeben werden kann, ist keine bahnbrechende Erkenntnis. Nur die wenigsten Privatpersonen würden wohl auf die Idee kommen, die geplanten Einkünfte des nächsten Jahrzehnts vorab für die allgemeine Lebensführung auszugeben, ohne dass dem ein gleichwertiger Sachwert gegenübersteht. Fraglich ist ebenso, ob eine Privatperson in diesem Umfang einen Kredit erhalten würde. Anders ist dies bei Staaten. Kaum ein Land ist nicht massiv verschuldet. Die Bundesrepublik Deutschland gehört dabei sogar noch verhältnismäßig zu den vernünftigen Staaten. Eine Weile sah es sogar so aus, als habe der Schuldenstand seinen Höhepunkt erreicht. Tatsächlich wurde begonnen, die Schulden sukzessive abzubauen. Doch dann kamen die Corona-Maßnahmen. Die teuersten Maßnahmen waren die, die sich im Nachhinein als wirkungslos herausstellten. Das Geld ist trotzdem weg. Nachdem auch die langfristigen wirtschaftlichen Folgen der Corona-Politik weltweit und der Krieg Russlands gegen die Ukraine dazukamen, war das Sparen außer Mode.

> *»Einmal wird der Tag kommen, da der Bürger erfahren muss, dass er die Schulden zu bezahlen habe, die der*

> *Staat macht und uns zum ›Wohle‹ des Volkes deklariert.«*
>
> Ludwig Erhard

Alle reden von Nachhaltigkeit, dabei ist kaum etwas weniger nachhaltig als Schulden. Etwa 10 Prozent des Bundeshaushaltes sind Zinszahlungen. Um auf dem Papier weniger Schulden zu haben, sich aber dennoch weiter verschulden zu können, hat der Staat zuletzt vermehrt das Konstrukt des Sondervermögens genutzt. Dabei handelt es sich um einen Nebenhaushalt, der schuldenfinanziert wird. Im Grunde müsste es also Sonderschulden heißen. Diese Sonderschulden wurden zuletzt vom Bundesrechnungshof als verfassungswidrig eingestuft, jedoch ohne Folgen. Die Milliarden-Zinsen zahlen nicht die amtierenden Politiker, sondern kommende Generationen. Auch was den Corona-Aufbaufonds angeht, muss man eigentlich klar feststellen, dass die Grenze zur Transfer- und Schuldenunion in der Europäischen Union endgültig überschritten wurde, ohne dass dafür eine juristische Legitimation besteht. Gegen diesen Machtmissbrauch genießt der Bürger de facto keinen Rechtsschutz. Das Bundesverfassungsgericht hat trotz Bedenken nicht eingegriffen und die Frage auch nicht dem Europäischen Gerichtshof (EuGH) vorgelegt. Auch hier sind die Privilegien, die der Staat als Konstrukt strukturell gegenüber seinen Bürgern genießt, deutlich zu spüren. Letztlich ist es der Bürger, der langfristig unter dieser Schuldenpolitik leiden wird – und die Vergangenheit bezahlen muss.

> *»Was für den Säufer der Kater, ist für den Schuldenpolitiker der Zins.«*
>
> The Pioneer Briefing, 04.09.2023

Wer Schulden macht, muss Zinsen zahlen, ist dabei nur eine Wahrheit. Ein weiterer »Vorteil« dieser Politik ist, dass sie inflationstreibend und dadurch – irgendwie zynisch – indirekt entschuldend ist. Letztlich wirkt dies wie eine zusätzliche Steuer. Durch diese Art Geldpolitik wird, zugespitzt formuliert, den Bürgern Geld gestohlen. Wenn ich nun zum Bundestag ginge und mit Farbe »DIEBE!« an die Fassade schreiben würde (rein fiktiv, ich habe das nicht vor), würde dies vermutlich einen dreistelligen Schaden verursachen, den ich zivilrechtlich als Schadensersatz auf die Nachkommastelle exakt zu begleichen hätte. Wenn schlechte Politik aber das Geld von 83 Millionen Menschen um zum Beispiel 10 Prozent entwertet, dann bekommen Sie keinen Schadensersatz. Das ist das Privileg der staatlichen Macht. Nur ein Schuldenverbot in Verbindung mit einer Steuerobergrenze könnte dieser Macht wirksam Einhalt gebieten. Das Mindeste wären höhere Mehrheitserfordernisse. Wer Geld kommender Legislaturen ausgibt, sollte selbstverständlich die Zustimmung der Opposition benötigen, denn diese wird – wenn sie eines Tages die Regierung übernimmt – durch die Schulden- und Zinslast, die ihre Vorgänger ihr hinterlassen, massiv eingeschränkt. Der Anteil der Steuereinnahmen, der durch Zinsausgaben gebunden ist, ist in vielen Ländern inzwischen erschreckend hoch.

Nach dem Urteil des Bundesverfassungsgerichts zur Verfassungswidrigkeit der Zweckentfremdung des Corona-Sondervermögens für andere Projekte wird zunehmend gefordert, die Schuldenbremse auszusetzen. Sogar der Vorschlag, die Schuldenbremse solle nicht für Investitionen gelten, wurde ernsthaft von Politikern vorgetragen, sogar vom Regierenden Bürgermeister Berlins. Das würde bedeuten, man gibt das vorhandene Geld für eine Erweiterung des Sozialstaats, mehr Personal im

Staatswesen und ein größeres Bundeskanzleramt aus, und wenn danach nichts mehr übrigbleibt, tätigt man die Investitionsausgaben aus neuen Schulden. Da immer Investitionen getätigt werden, wäre die Schuldenbremse damit de facto abgeschafft. Das wäre ein reiner Etikettenschwindel. Der Staat hat nicht zu wenig Einnahmen, sondern zu viele Ausgaben. Weil man das aber nicht wahrhaben möchte, sucht man Vorwände, um an das Geld von Kindern und Kindeskindern zu kommen. Man will um jeden Preis das Geld aus der Zukunft heute ausgeben.

> *»Die Inflation kommt nicht über uns als ein Fluch oder als ein tragisches Geschick; sie wird immer durch eine leichtfertige oder sogar verbrecherische Politik hervorgerufen.«*
>
> LUDWIG ERHARD

Die Praxis der Staatsverschuldung hat nicht nur finanzielle, sondern auch politische Konsequenzen. Die Tatsache, dass Regierungen in der Lage sind, Schulden aufzunehmen, ohne die sofortige Notwendigkeit eines Ausgleichs, kann zu kurzfristigem Denken führen. Politiker haben oft den Anreiz, populistische Maßnahmen zu ergreifen, um Wählerstimmen zu gewinnen, ohne die langfristigen finanziellen Auswirkungen zu berücksichtigen. Dies führt zu einem Teufelskreis, in dem politische Entscheidungsträger kurzfristige Ziele verfolgen, während die langfristigen Kosten auf die kommenden Generationen abgewälzt werden.

Diplomaten – die Nullen im Straßenverkehr

Die Straßen sind das tägliche Schlachtfeld der Mobilität. Hier treffen Menschen mit den unterschiedlichsten Zielen und Verpflichtungen aufeinander. Jeder versucht, sein Ziel zu erreichen, sei es die Arbeit, den Arzttermin oder den Besuch bei Freunden. Doch nicht alle Verkehrsteilnehmer sind gleich, und manche scheinen auf den Straßen ein Privileg zu genießen, das die Spielregeln für sie grundlegend verändert. Bei den Nullen, auf die ich anspiele, handelt es sich um Diplomaten, deren Kfz-Kennzeichen nämlich mit einer Null beginnt. Danach folgt eine Ziffer für das Land, das sie vertreten. Die letzte Ziffer verrät dann den Rang. Sie können also anhand einer Tabelle ablesen, mit wem sie es zu tun haben. Wer in Berlin unterwegs ist, hat diese Fahrzeuge sicher schon öfter beobachtet. Sie stehen gerne im Weg herum und nutzen auch mal die Busspur. Warum? Weil sie es können. Denn diese Menschen haben etwas, was der durchschnittliche Bürger nicht hat: Immunität. Zwar nicht gegen Krankheiten, wohl aber gegen eine Verfolgung mit den Mitteln der Strafprozessordnung. Aber nicht nur Diplomaten genießen solche Privilegien. Während Diplomaten die sogenannte diplomatische Immunität genießen, besitzen Bundestagsabgeordnete die parlamentarische Immunität, die sie vor strafrechtlicher Verfolgung schützt, solange die Straftat nicht im Zusammenhang mit ihrer politischen Arbeit steht. Die Immunität ist ein sehr starkes Privileg. Sie hat damit auch Auswirkungen auf das Verhalten im Straßenverkehr, oder anders gesagt: Dort ist sie für die Öffentlichkeit am besten sichtbar. Tatsächlich sind die meisten Bundestagsabgeordneten trotz Immunität recht zurückhaltend, da sie Skandale vermeiden wollen. Inhaber diplomatischer Immunität sind dagegen oftmals offensiver, denn immerhin müssen sie nicht wiedergewählt werden.

Diplomatische Immunität ist ein Privileg, das auf internationalen Abkommen beruht. Sie soll sicherstellen, dass Diplomaten ihre Arbeit ohne Angst vor rechtlichen Konsequenzen ausüben können. Dies bedeutet jedoch auch, dass sie sich über die Regeln hinwegsetzen können, ohne dafür belangt zu werden. Diplomatenfahrzeuge sind in vielen Ländern berüchtigt für ihre rücksichtslose Fahrweise. Sie parken oft in zweiter Reihe, blockieren Einfahrten und missachten Geschwindigkeitsbegrenzungen, ohne Konsequenzen befürchten zu müssen. Für die übrigen Verkehrsteilnehmer ist dies nicht nur ärgerlich, sondern kann auch gefährlich sein. In zwei Dritteln aller von ihnen verursachten Unfälle begingen Diplomaten sogar Unfallflucht. Die Immunität wird jedoch leider nicht nur im Straßenverkehr missbraucht, auch die Behandlung von Hausangestellten ist ein häufig genanntes Problem.

Ich verstehe zwar den ursprünglichen Sinn dahinter, warum diese diplomatische Immunität einst erfunden wurde, sie hat sich jedoch leider – wie es bei vielen staatlichen Privilegien der Fall ist – nicht weiterentwickelt. Einmal in Gesetzesform gegossen, wird man eine solche Regelung schwer wieder los. Erforderlich ist sie meines Erachtens nicht mehr, der Schutz der Diplomaten ließe sich zwischenstaatlich auch anders abbilden. Die Wirtschaft entsendet schließlich auch Personen in andere Länder und »lebt« mit dem Risiko, das damit einhergeht. Staatliche Sonderrechte sind historisch gewachsen und dabei meist keinesfalls notwendig. Die Reformbemühungen halten sich dennoch in Grenzen, obwohl es gerade präventiv juristische Spielräume gäbe. So sei angemerkt, dass ein Fahrverbot nicht zwingend repressiv ist, also keine Strafe im engeren Sinne ist. Manche Länder weisen ihre Diplomaten an, Verkehrsstrafen zu bezahlen. Dies könnte auch jetzt schon ebenso in gegenseitiger Absprache erfolgen. Konsequente Ausweisungen würden im Zweifel ebenfalls helfen. Die Stadt New York nutzt dabei auch Öffentlichkeitswirksamkeit als Korrektiv. Verfehlungen werden den Ländern zugeordnet und veröffentlicht. Auch beschloss der Kongress, durch Kürzung der Entwicklungshilfe gegen uneinsichtige Staaten vorzugehen. Es geht, wenn man will.

Die Frage, die sich dennoch stellt, ist, ob die Immunität überhaupt noch zeitgemäß und damit gerechtfertigt ist. Sollten Diplomaten und Abgeordnete das Recht haben, sich über das Recht hinwegzusetzen, während der Rest der Bevölkerung die Konsequenzen tragen muss? Diese Frage wirft ein Schlaglicht auf die Privilegien, die einige staatliche Akteure genießen, und stellt die Grundsätze der Gleichheit und Fairness infrage. Es ist an der Zeit, darüber nachzudenken, ob die Nullen im Straßenverkehr wirklich berechtigt sein sollten, sich über die Regeln hinwegzusetzen, die für den Rest von uns gelten. Denn niemand sollte über dem Gesetz stehen. Für die Tätigkeit zwingend nötig ist dies meines Erachtens nämlich keineswegs mehr. Es ist ein Privileg, auf das man nicht verzichten möchte. Ein Schutz vor ungerechtfertigter Verhaftung ließe sich auch trotz einer Reform gewährleisten.

Der teuerste Rundfunk der Welt

Deutschland hat mit 18,36 Euro pro Monat und Haushalt und somit einem Beitragsaufkommen von 8 Milliarden Euro jährlich den teuersten öffentlich-rechtlichen Rundfunk der Welt. Da man sich gegen diese Abgabe nicht legal wehren kann, ist dies für mich nichts weiter als ein in Gesetz gegossenes Gewaltverhältnis. Man wird gezwungen, ein ineffizientes und viel zu großes System zu finanzieren. Dabei hat man weder Kontrolle über das Angebot noch über den Preis. Es ist, als ob Sie ein Auto kaufen müssten, ohne vorher Modell und Farbe zu kennen – und der Preis wird Ihnen ohne Verhandlung vorgegeben. Der öffentlich-rechtliche Rundfunk ist ein gutes Beispiel, bei dem man fühlen kann, dass der Staat Macht ausübt. Trotz des großen Wunsches in der Bevölkerung, diesen Beitrag nicht mehr zahlen zu müssen, bewegt sich wenig. Im Gegenteil: Es wird eine Erhöhung gefordert.

> *»Von der Dämonisierung bis zur Banalisierung und von dort zur Fiktionalisierung der Gegenwartsprobleme ist es oft nur ein kurzer Weg. Der Kölner Dom stand medial bereits 1986 unter Wasser. Viele Leser, Hörer und Zuschauer der Medien flüchten in die bewusste Verweigerung der Mediennutzung. Sie spüren, dass durch das bewusste Setzen von Triggerpoints mit ihren Gefühlen gespielt wird. Sie erleben, dass die Überdosis Negativismus ihrer Psyche nicht gut tut. Sie erwidern – als Akt der Notwehr – den medialen Alarm mit Abstinenz.«*
>
> THE PIONEER BRIEFING, 30.08.2023

Am Beispiel des öffentlich-rechtlichen Rundfunks lässt sich sehr gut aufzeigen, wie beständig oder gar hartnäckig Strukturen sind, die einmal in einen bürokratischen Rahmen gegossen wurden. Wenn es den öffentlich-rechtlichen Rundfunk nicht gäbe, sondern man ihn heute neu erfinden müsste, würde er wohl kaum so konzipiert werden, wie man ihn aktuell vorfindet. Es gibt genug werbefinanzierte Unterhaltungsangebote im Privatfernsehen, Filme bei Streaminganbietern, Pay-TV-Angebote für Sportübertragungen, privates Radioprogramm, und sogar die Versorgung mit Nachrichten ist mehr als gewährleistet, da es neben dem Nachrichtenangebot der Privatsender auch darauf spezialisierte Nachrichtensender gibt. Das Einzige, was vielleicht sinnvoll sein könnte, ist ein Sender wie »Phoenix«, der aus dem Bundestag berichtet, gesamtgesellschaftlich wertvolles Spartenprogramm wie kulturelle, politische und historische Dokumentationen anbietet und vielleicht auch ein hochwertiges Nachrichtenformat mit einem vertretbaren Korrespondentennetzwerk beinhaltet. Das würde lediglich einige Cent pro Haushalt kosten und könnte bei Bedarf ohne eigene Abgabe steuerfinanziert werden. Alles andere wird de facto nicht gebraucht. Mit Demokratie hat der Rundfunkbeitrag auch nur wenig zu tun: In der Bevölkerung gibt es eine Vier-Fünftel-Mehrheit für die Abschaffung, die vom Parteienapparat jedoch hartnäckig ignoriert wird. Einmal existente Privilegien lassen sich kaum reformieren.

»Die Bestandsgarantie für das Staatsfernsehen in der heutigen Form gefährdet die medienpolitische Entwicklung und Vielfalt in Deutschland, weil nicht der mündige Bürger über die Inhalte entscheidet, sondern Funktionäre und Politiker.«

KAROLIN HERRMANN

Doch worin besteht hier genau das Privileg? Aus meiner Sicht hat es zwei Dimensionen. Einerseits inhaltlich: Wer würde sich nicht gerne nur mit den Themen beschäftigen, die man selbst interessant findet? Wenn man nicht auf Kundenzufriedenheit angewiesen ist, lässt sich dieser Traum natürlich wesentlich leichter leben. Als eine mindestens vierstellige Anzahl an Reisenden wegen einer Blockade eines Flughafens ihre Flüge verpasste, durfte die Sprecherin der Organisation, die diese Straftaten verübt hatte, in der ARD ihre Position darlegen und die Straftaten rechtfertigen. Die Geschädigten der Straftaten durften sich im von ihnen finanzierten Programm also noch belehren lassen. Das darf man durchaus als dreist empfinden. Viele Menschen haben das Gefühl, dass sich der öffentlich-rechtliche Rundfunk sehr viel mit Themen beschäftigt, die zwar andere Journalisten interessieren, die für die Mehrheit aber befremdlich sind. Besonders heftig ist die Debatte, wenn es um Gendersprache geht. Dies soll kein Schwerpunkt dieses Buches sein, aber ich möchte es zumindest kurz aufgreifen, weil es den Konflikt ganz gut veranschaulicht. Die Sternchen-Schreibweise entspricht nicht der deutschen Rechtschreibung. Das heißt nicht, dass man privat nicht so schreiben kann. Die Frage ist, ob man es in seiner journalistischen Arbeit tun sollte, wenn die Mehrzahl der Kunden es nicht möchte – und die Kunden verpflichtet sind zu zahlen. Anders wäre es, wenn man das Angebot freiwillig kaufen würde. Wenn das Programm werbefinanziert ist oder die Kunden es wollen – warum nicht? Solange man nicht gezwungen wird, so zu schreiben oder es zu lesen (Ersteres wäre möglich in Schule oder Universität, Zweiteres eben im öffentlich-rechtlichen Rundfunk), gibt es gar keinen Konflikt. Und wenn es sich wirklich mehrheitlich durchsetzt, dann hat sich die Sprache eben verändert. Die erbitterte Gegenwehr entsteht durch den Zwang. Dabei spielt der öffentlich-rechtliche Rundfunk eine entscheidende Rolle. Eine

IV. Die Privilegien des Staates

Idee, die man mit Zwang durchsetzen muss, ist keine gute Idee. Egal ob Rundfunkbeitrag oder Gendersprache – wenn etwas freiwillig nicht funktioniert, dann ist an der Sache etwas faul.

Andererseits gibt es noch die finanzielle Dimension. Wir haben es hier wieder mit einem System zu tun, welches keinem Wettbewerb ausgesetzt ist und auch keine Insolvenz kennt. Es gibt also kein Korrektiv durch den Kunden und somit wenig Innovationsdruck. Überschriften wie »Neue RBB-Chefin lässt sich Zweitwohnung vom Sender bezahlen«, die ein halbes Jahr später gefolgt wird von »RBB-Chefin fordert 8 Prozent mehr Rundfunkgebühren«, lösen bei den Menschen keine Begeisterung aus. Im Rausch der Privilegien wird das scheinbar nicht einmal erkannt, sonst würde man sich zumindest vorsichtiger verhalten. Der Rückhalt für das öffentlich-rechtliche System schwindet. Aus meiner Sicht sind auch keine linken oder rechten Parteien oder wer auch immer schuld an dieser angespannten Lage, sondern es ist der unangebrachte Umgang mit Privilegien. Erst ging die Neutralität verloren, dann das Vertrauen. Und mit jedem Griff in die Kasse steigt die Wut. Dennoch ist die Bereitschaft zu Reformen gering, eine Veränderung in weiter Ferne.

Dies liegt daran, dass bürokratische Strukturen aus sich selbst heraus nur eine geringe Kraft zur Veränderung haben. Denn Bürokratien beinhalten immer Macht und Privilegien. Sichere und finanziell lukrative Positionen und Rundfunkräte mit netten Aufwandsentschädigungen, in die sich Landtagsabgeordnete wählen lassen können, stimmen die Gemüter der Beteiligten eher ruhig und bringen keinen hohen Handlungsdruck. Die Idee des staatsfernen und neutralen öffentlich-rechtlichen Rundfunks ist dabei sowieso eine Illusion. Im ZDF-Verwaltungsrat etwa sitzen aktuell neben acht vom ebenfalls politisch besetzten

Fernsehrat gewählten Mitgliedern zwei Politiker der SPD, ein Politiker der Grünen und ein Politiker der CDU. Diese über viele Jahre gewachsenen bürokratischen Strukturen lassen sich nur noch mit großer Mühe verändern. Darum sollte man auch so vorsichtig sein, neue Bürokratien einzurichten. Das ist übrigens nicht nur ein Staatsproblem, die Wirtschaft ist ebenso betroffen. Der Unterschied ist, dass hier gelegentlich Strukturen ganz »absterben« können. Durch einen Wechsel des Inhabers oder der Anteilseigner, durch Übernahmen oder durch Insolvenz werden alte Strukturen schockartig überwunden. Diese permanente Anpassung und Regeneration findet in Politik und Bürokratien trotz regelmäßiger Wahlen weniger statt.

Inmitten dieses festgefahrenen Systems bleibt die Frage: Sollten wir akzeptieren, dass der öffentlich-rechtliche Rundfunk, der einst als Hüter der Neutralität und Vielfalt gedacht war, zu einem teuren und behäbigen Koloss geworden ist? Ist es nicht an der Zeit, das Privileg, das ihm gewährt wird, zu überdenken und sich einer Reform zu öffnen? Denn die Macht der Strukturen, die einmal etabliert wurden, mag stark sein, aber sie darf nicht über dem Wohl und den Interessen der Bürger stehen. Ein Blick auf andere Länder zeigt, dass es durchaus möglich ist, einen qualitativ hochwertigen Rundfunk zu haben, ohne die Bürger übermäßig zu belasten. Es ist an der Zeit, dass Deutschland dieses Beispiel ernsthaft in Erwägung zieht und die Zukunft des öffentlich-rechtlichen Rundfunks auf den Prüfstand stellt.

V. Die Privilegien der Politik

Gutes tun mit dem Geld anderer Menschen

Beschäftigen wir uns nun mit einem besonderen Teil des Staates, der Politik. Der Begriff stammt aus den Stadtstaaten des antiken Griechenlands und umfasste sämtliche Angelegenheiten, Tätigkeiten und Fragestellungen, die das Gemeinwesen – damals bekannt als die »Polis« – betrafen. Da kaum jemals Staaten so hohe Steuern hatten wie heutzutage, ist ein wichtiger Teil der Politik die Verwendung der so vereinnahmten Mittel. Wir hatten bereits darüber gesprochen, dass dies selten mit höchster Effizienz geschieht. Wenn Sie sich Gedanken machen, was Sie heute mit 50 Euro Gutes in der Welt tun können, werden Sie sicherlich auf wirkungsvollere Ideen kommen, als wenn der Staat von 83 Millionen Menschen jeweils 50 Euro einsammelt und versucht, damit Gutes zu tun. Andersherum ist es natürlich einfacher, sich gut zu fühlen, indem man die Finanzierung von etwas angeblich Gutem vom Staat fordert oder dies als Politiker sogar durchsetzt, als das Geld selbst zu verdienen, indem man etwa eine Firma aufbaut – und damit eine Stiftung finanziert.

> »Eine Handlung kann nur moralischen Wert haben, wenn sie weder unter Zwang noch auf Kosten anderer erfolgt.«
>
> Roland Baader

Politiker genießen jedoch das Privileg der Umverteilung. Sie wirtschaften im Überfluss mit fremdem Geld. Wann immer Politiker Gutes tun, nutzen sie dafür fremde Ressourcen. Das ist eigentlich auf jeder Ebene so. In meinem Buch *Politik ist das Problem, nicht die Lösung* berichtete ich bereits von der »Einstiegsdroge Hochschulpolitik«. Hier üben bereits junge Menschen, keine Scham mehr zu spüren, wenn sie fremdes Geld ausgeben. In fast allen Bundesländern ist es vorgeschrieben, dass Studenten einen ein- oder zweistelligen Betrag pro Semester zahlen, um damit eine studentische Interessenvertretung zu finanzieren. Viele Personen, die dort mitwirken, verschwinden wieder in der Bedeutungslosigkeit, allerdings sind die Studierendenschaften durchaus auch Übungswiese für spätere Berufspolitiker. Man lernt hier leider alles, um zu dem Typus Politiker zu werden, den die Menschen nicht wollen.

> *»Wer sein eigenes Interesse verfolgt, befördert das der Gesamtgesellschaft häufig wirkungsvoller, als wenn er wirklich beabsichtigt, es zu fördern. Ich habe nie erlebt, dass viel Gutes von denen erreicht wurde, die vorgaben, für das öffentliche Wohl zu handeln.«*
>
> ADAM SMITH

An meiner ehemaligen Hochschule in Berlin hatte ich – wie in meinem ersten politischen Buch beschrieben – versucht, dies zu reformieren, zunächst sogar erfolgreich. Von meinen Reformen hat fünf Jahre später allerdings nur die Halbierung der Legislatur überlebt. Die restliche Reform wurde rückabgewickelt, die Bezüge der Referenten wurden um 160 Prozent erhöht, 15 Angestellte für Aufgaben eingestellt, die es vorher nicht gab, die

V. Die Privilegien der Politik

Anzahl der Referenten hat sich verdoppelt, der Beitrag soll von 4 auf 19 Euro steigen. Verwaltung expandiert – man könnte es fast ein Naturgesetz nennen. Der »Reformumkehrer« war ein Jungpolitiker mit Parteibuch, der Parteikarriere machen möchte und sich mit diesem Projekt in Szene setzte. Sogar eine Inflationsausgleichsprämie hat man sich gegönnt, obwohl die Tätigkeit in Studierendenschaften weitestgehend als Ehrenamt bezeichnet wird. Man lernt von den Großen – die Bundesregierung hat davon ebenfalls Gebrauch gemacht. Dienst für die Gesellschaft hin oder her – natürlich hat man nebenbei immer auch die eigenen Interessen im Blick. Egal ob klein oder groß, egal ob Beitrag zur Studierendenschaft oder Rundfunkbeitrag, die Mechanismen sind immer gleich. Wo immer Geldtöpfe verwaltet werden, wird ein Teil des Geldes für den definierten Zweck verwendet, wenngleich meist ohne besonderen Schwerpunkt auf Effizienz, und nebenbei belohnen sich auch die Verwalter mit Aufwandsentschädigungen, teurer Verpflegung und auswärtigen Sitzungen.

> *»Ihr lobt Projekte, die behaupten, keine Gewinne zu erzielen, und verteufelt die Menschen, die die Gewinne dafür erwirtschaften. Für euch liegen Projekte im Interesse des Gemeinwohls, die denen nützen, die nicht zahlen; nicht im Interesse des Gemeinwohls liegt es, denen zu nützen, die zahlen.«*
>
> Ayn Rand

Es ist ein wiederkehrendes Muster in der Welt der Politik und des Staatswesens – unabhängig von der politischen Ausrichtung: Die Expansion des Bürokratieapparates ist eine unaufhaltsame Kraft. Der sinnbildliche Kuchen soll bei jeder Regierung größer werden und wird es meist auch. Selbst unter liberalen Parteien, die auf eine begrenzte Regierung und Freiheit setzen, kann man beobachten, wie der öffentliche Sektor wächst und der metaphorische Kuchen größer wird. Die Gier nach Privilegien kennt keine Grenzen. Jede neue Regierung strebt danach, ihren Einfluss zu erweitern und die Ressourcen zu erhöhen, die sie verwaltet.

Im Vergleich zur Wirtschaft hat die Politik keine unsichtbare Grenze für »Preiserhöhungen«, bei der die Kunden vom Kauf absehen. Die Währung in der Politik sind Mehrheiten. Ist eine Mehrheit dafür, Geld auszugeben, wird das Geld ausgegeben. Früher hatte ich ein Büro in Berlin. Auf der Etage waren etliche weitere Büros, gemietet von diversen kleinen Firmen, ein junger Rechtsanwalt war dort und eine kleine Versicherungsagentur ebenso. Inzwischen wurde die Etage umgebaut und hat nur noch einen einzigen Mieter. Auf der gesamten Etage sitzt nun ein Expertenrat der Bundesregierung. Dieser muss sein Geld natürlich nicht erwirtschaften, und doch hat er nun so viel Fläche wie all diese vielen Gewerbetreibenden früher zusammen. Das heißt keineswegs, dass die Zwecke solcher Projekte nicht gut sein mögen. Aber sie stehen selten in einem gesunden Verhältnis zu den genutzten Ressourcen.

> *»Der Zwang, und vor allem der Zwang zum Guten oder zu dem, was eine Mehrheit für gut hält, macht Vielfalt zur Einfalt und hat insgesamt eine auch für die Gemeinschaft destruktive Wirkung. Jede kreative Gemeinschaft beruht auf dem friedlichen Wettbewerb, und wenn das Mehrheitsprinzip dazu missbraucht wird, unliebsame Lösungsvarianten auszuschalten, degeneriert es zur Herrschaft der jeweils tonangebenden Populisten.«*
>
> ROBERT NEF

Was auf den ersten Blick wie großzügige Wohltätigkeit und staatliches Engagement erscheint, zeigt sich bei näherer Betrachtung als ein Umverteilungsspiel. Dabei dürfen wir nicht vergessen, dass der Staat kein eigenes Geld hat – er verwendet stets das Geld seiner Bürger. So zahlen wir im Grunde alles selbst, oft noch mit einem Aufschlag für die Verwaltung. Ein Blick auf einige Beispiele verdeutlicht dies: günstige Lebensmittel durch Subventionen für die Landwirtschaft, allgemeine Gesundheitsversorgung, Absicherung durch Sozialleistungen, öffentliche Bildungsangebote und große Infrastrukturprojekte. All das ist nicht kostenlos, auch wenn wir es nicht direkt bezahlen. Über Lohnsteuer, Sozialabgaben, Umsatzsteuer beim Einkauf und diverse andere Steuern zahlen wir permanent dafür – und natürlich auch zusätzlich für die Bürokratie, die diese gesamte Umverteilung vornimmt.

> *»Umverteilung ist tatsächlich viel weniger die Umverteilung der Einkommen von den Reicheren zu den Ärmeren, sondern vielmehr eine Umverteilung von Macht vom Individuum zum Staat.«*
>
> BERTRAND DE JOUVENEL

Auch das Deutschlandticket hat den öffentlichen Nahverkehr nicht günstiger gemacht. Es ist kein Geschenk – von wem auch? Es ist keineswegs eine Innovation, sondern nur eine weitere Subvention. Die Infrastruktur bleibt gleich teuer. Weder Busse und Bahnen noch das Personal sind günstiger geworden. Die Politik hat sich daran gewöhnt, ihre Aufgabe sei das Verteilen von Geschenken, und die Bevölkerung hat sich daran gewöhnt, Geschenke von der Politik einzufordern. Dies schöpft keinen eigenen Wohlstand. Politik ist lediglich ein Nullsummenspiel. Die Folge ist allein eine Ausdehnung von Bürokratie und Sozialstaat.

> »Antikapitalisten sind PR-Genies: Es gelang ihnen, ein System, das immer wieder versagt hat und bei dem 100 Millionen Menschen umkamen, als ›menschlich‹ zu vermarkten (Sozialismus) und ein System, das die Zahl der Armen von 90 auf 9 Prozent reduziert hat (Kapitalismus), als unmenschlich.«
>
> DR. DR. RAINER ZITELMANN

Während offiziell der Spruch gilt: »Tue Gutes und rede darüber«, hat sich inoffiziell längst etabliert: »Tue Gutes für andere und tue nebenbei Gutes für dich und all deine politischen Weggefährten.« Anders erklärt es sich nicht, dass der ehemalige Bundesminister für wirtschaftliche Zusammenarbeit und Entwicklung, Gerhard Müller, nachdem er Generaldirektor der UN-Organisation für industrielle Entwicklung wurde, eine Niederlassung in Berlin eröffnete, die bis dahin offenbar nicht benötigt wurde. Plötzlich waren 3 Millionen Euro dafür im Bundeshaushalt eingestellt, berichtete *The Pioneer*.

> »Unsere Regierung weiß nicht, was sie will. Sie weiß vor allem, was sie nicht will: Sie will keine Prioritäten setzen. Die militärische Aufrüstung soll genauso forciert werden wie die Expansion des Sozialstaates. Deutschland soll grüner, gebildeter, digitaler und klimaneutral werden. Und die Migranten will man auf jeden Fall auch gut behandeln. Dieser Staat – und das ist die Folge der 1000 guten Absichten – kann sich nicht konzentrie-

ren. Er braucht immer mehr, als er hat. Er will immer mehr, als er kann.«

THE PIONEER BRIEFING, 22.11.2023

Mehr Gutes tun zu wollen und dafür mehr Budget für mehr Verwaltung zu fordern gehen immer Hand in Hand. Wie viel Politik wirklich positiv verändern kann, ist dabei fraglich. Der Einfluss einer planenden Instanz in einer schnelllebigen Welt wird meist überschätzt. Zum Glück wird die Technologie viele Fragen von allein klären. Wenn das Bankwesen vereinfacht wird, werden auch viele Entwicklungsländer profitieren, wenn Bildung immer leichter online zugänglich wird, wird auch die Relevanz von Lehrplänen schwinden, und wenn selbstfahrende Fahrzeuge die Städte erobern, muss man nicht mehr politisch über zu wenig Parkplätze streiten, denn die Fahrzeuge suchen sich dann selbst einen Platz weiter weg oder nehmen den nächsten Fahrgast auf. Ob irgendein kleiner Bezirk bis dahin ein paar Hundert Parkplätze gestrichen hat oder nicht, wird dann in der Rückschau schlicht irrelevant. Fortschritt schlägt zentrale politische Planung.

Keine Mindestqualifikation, kein Einstellungstest und kein Praxisbeweis

In vielen Berufen sind Mindestqualifikationen, Einstellungstests und praktische Erfahrung die absolute Regel. Für die Politik gilt dies jedoch nicht. Hierzulande kann im Grunde jeder Bürger zum politischen Akteur werden, ohne formale Qualifikationen, ohne

Einstellungstest und ohne nachgewiesene Praxiserfahrung. Dies mag auf den ersten Blick nach gelebter Demokratie klingen, aber es birgt auch Risiken und Herausforderungen. Denn der Beruf des Politikers bedeutet letztlich, wenn man vom parteiinternen Aufstieg und den PR-Aspekten des Wahlkampfes einmal absieht, Gesetze vorzuschlagen, Gesetze mitzugestalten und über Gesetze abzustimmen. Dies sollte zumindest das primäre Ziel sein. Wozu mache ich sonst Wahlkampf? Alles Reden ist heiße Luft, bis ein konkretes Gesetz entsteht. Definiert man Politik also als den Berufsstand, der an und mit neuen Gesetzen arbeitet, so ist diese Tätigkeit nicht gerade unwichtig. Gesetze bedeuten Zwang. Man sollte also meinen, diese Arbeit erfordere ein hohes Maß an Kompetenz, Gewissenhaftigkeit und Weitblick.

Nun ist in Deutschland für viele Tätigkeiten eine Qualifikation erforderlich. Wenn ich etwa im Bewachungsgewerbe arbeiten will, muss ich zuvor die Sachkundeprüfung nach § 34a der Gewerbeordnung bestehen. Dieser Schein ist recht bekannt, daher habe ich ihn als Beispiel gewählt. Jeder Security-Angestellte muss ihn haben. Inhalte sind das Recht der öffentlichen Sicherheit und Ordnung, Gewerbe- und Datenschutzrecht, Grundzüge des BGB, Straf- und Strafverfahrensrecht, Waffenrecht, Unfallverhütungsvorschriften und Verhalten in Konfliktsituationen. Diese Aufzählung ist nicht abschließend. Einfach eine Uniform anziehen? Fehlanzeige. Auch wenn mancher die ein oder anderen Inhalte mit der Zeit vergisst, ist dennoch sichergestellt, dass zu Beginn die Grundlagen klar sind. Alles hat in Deutschland eben seine Ordnung. Dies ist in vielen Berufen nicht anders. In manchen Bereichen wird über die Meisterpflicht sogar ein besonders hoher Standard vorausgesetzt, um Verbraucher davor zu schützen, in nicht ausreichend qualifizierte Hände zu geraten.

V. Die Privilegien der Politik

Egal ob Koch, Mechatroniker oder Schädlingsbekämpfer – sie alle absolvieren eine dreijährige Ausbildung. Als Anwalt oder Lehrer darf man nicht einmal arbeiten, wenn man erfolgreich ein entsprechendes Studium absolviert hat – ohne Staatsexamina wird einem hier die Tätigkeit selbst bei vorhandener Grundqualifikation verwehrt. Ob das sinnvoll ist, darüber kann man streiten, aber zumindest scheint sich der Staat große Sorgen zu machen, irgendjemand könnte etwas tun, wozu er oder sie nicht 100-prozentig qualifiziert ist. Selbst die schlechtesten ihres Standes haben aufgrund dieser Standards mindestens ein Grundverständnis von dem, was sie tun. Außer durch Betrug oder Fälschung ist es kaum möglich, von seinem Fach gar keine Ahnung zu haben. Qualifikation spielt also in der Berufswelt die entscheidende Rolle, nach der wir eine Person beurteilen.

Im Auswahlverfahren der Europäischen Raumfahrtbehörde (ESA) wurden aus 22.500 Bewerbern 17 Personen ausgewählt – 5 Astronauten, 11 Reserve-Astronauten und 1 Para-Astronaut. So viel zunächst zum Thema Bestenauslese. Kommen wir nun zur Politik. Das Paradoxe: Viele Menschen wählen Politiker überwiegend nach Sympathie und sind dann unzufrieden mit den Ergebnissen. Nicht wenige Menschen geben das sogar zu. Sie wählen entweder den, den sie mehr mögen, oder denjenigen, der zufällig etwas gesagt hat, das mehr oder weniger auch mit ihrer persönlichen Meinung übereinstimmt. Die Qualifikationen stehen selten bis nie im Blickpunkt der Debatte. Nennen Sie es, wie Sie wollen. Ich nenne es »Privileg«. Das Privileg, keine Meisterprüfung zu brauchen, keinen Auswahltest zu durchlaufen und keine Noten offenlegen zu müssen. Ausgerechnet diejenigen, die unsere Gesetze verantworten, brauchen weder eine bestimmte Mindestqualifikation, noch müssen sie sich in der Praxis bewiesen haben. Keiner käme auf die Idee, darüber abzustimmen, wer zukünftig Bäcker, Arzt oder Pilot wird. Aber ein Bürgermeister oder Abgeordneter wird gewählt. Wenn man den Menschen nicht persönlich kennt, dann entscheidet man sogar oft nur anhand der Parteizugehörigkeit oder der Sprüche auf den Wahlplakaten. Diese enthalten meist deutlich weniger Informationen als die meisten Bewerbungsschreiben. Kann man so überhaupt die Qualifikation beurteilen? Ist das Verfahren einer Wahl überhaupt geeignet, den qualifiziertesten Kandidaten zu finden? Wenn nicht, wem schadet das – dem Gewählten oder den Wählern? So sehr Demokratie bei Sachentscheidungen sinnvoll ist, sollten so Amts- und Mandatsträger ausgewählt werden? Entscheiden Sie selbst, ich habe es bewusst als Frage formuliert.

»Vor einigen Jahren machte der Psychologe Alexander Todorov von der Princeton University einen bemerkenswerten Test: Er zeigte seinen Studenten Portraitfotos von jeweils zwei, ihnen unbekannten Männern und forderte sie dann auf, spontan zu entscheiden, welche der beiden Personen in ihren Augen kompetenter wirkt. Was die Studenten nicht wussten: Bei den Paarungen handelte es sich um reale Politiker, die bei Wahlen gegeneinander antraten. Das verstörende Ergebnis: In 70 Prozent aller Fälle entsprachen die Entscheidungen der Studenten dem tatsächlichen Wahlgewinner. Nicht, weil er möglicherweise kompetenter als sein Gegner war, sondern weil er den Wählern lediglich kompetenter erschien. Selbst bei so etwas Wichtigem wie einer politischen Wahl spielen für uns Rationalität und logische Argumente offenbar eine untergeordnete Rolle. Vernunft kann uns davor be-

wahren, als kompletter Idiot dazustehen, aber sie wird uns nicht davon abhalten, unsere Stimme einer Flachpfeife mit tollem Haarschnitt zu geben.«

Vince Ebert

Ich will damit keineswegs sagen, alle Politiker seien völlig unqualifiziert. Das wäre einerseits definitiv nicht richtig und andererseits ziemlich populistisch. Natürlich erfordert schon das Verständnis des Systems eine gewisse Intelligenz. Die wirtschaftliche Ahnungslosigkeit mancher Politiker ist dennoch erschreckend. Zumindest aber existieren keinerlei Standards. Man kann auch zu Recht einwenden, eine Zugangsbeschränkung widerspräche dem demokratischen Gedanken. Andererseits gibt es in unserem Rechtssystem auch viele andere Zugangsbeschränkungen – angeblich zum Schutze der Bevölkerung. Wenn ich ohne Prüfung nicht an der Rechtspflege mitwirken darf, warum darf ich dann das Recht setzen? Könnten dann nicht auch andere Stellen durch Wahl besetzt werden? Wie schwerwiegend wäre der Eingriff, wenn man Mindestvoraussetzungen für bestimmte Mandate hätte? Wie könnte ein Land aussehen, wenn Abgeordnete und Minister ein ähnlich schweres Auswahlverfahren wie das der Europäischen Raumfahrtbehörde durchlaufen müssten?

Diese Frage soll nur als Anregung dienen. Ich sage nicht, dass es einfach sei, ein bestehendes System zu ändern. Es ist nicht zwangsläufig erforderlich, politische Ämter mit Qualifikationsprüfungen zu versehen, die denen der ESA-Astronauten ähneln, aber es sollte zumindest eine Debatte darüber geben, wie man sicherstellen kann, dass die, die Gesetze verabschieden, ein grundlegendes Verständnis für die von ihnen beeinflussten Bereiche haben. Es sollte nicht reichen, gerne zu reden. Ein Politiker muss die Grundzüge des Rechtssystems verstanden haben, die Bedeutung der Bürgerrechte als zentrale Abwehrrechte gegen den Staat verinnerlicht haben, den Sinn von Minderheitenrechten begriffen haben und Demokratie nicht nur als stumpfes Ringen um knappe Mehrheiten begreifen. Zudem wäre zumindest ein Hauch von Wirtschaftskompetenz gar nicht verkehrt. Gesetze und politische Entscheidungen haben weitreichende Folgen, daher sollte auch ihre Erarbeitung und Umsetzung mit größtmöglicher Sorgfalt behandelt werden.

Das Privileg, entscheiden zu dürfen – auch ohne Kenntnis und Betroffenheit

Auch die nachfolgenden Überlegungen knüpfen daran an und fordern uns dazu auf, unser Demokratieverständnis teilweise zu überdenken. Das Ende der Corona-Maßnahmen ist erst gut ein Jahr her. Ich weiß, welche Sprengkraft das Thema hat und wie gespalten weite Teile der Bevölkerung dazu waren oder wahrscheinlich noch sind. Ich möchte es als Beispiel dennoch aufgreifen, weil es einerseits die Macht des Staates, andererseits aber vor allem die Tragweite der Entscheidungen von Politikern offenbart hat. Ich glaube, viele Menschen sind sich einig, wenn ich sage, dass man selten so erheblich durch politische Entscheidungen beeinflusst wurde. Ich denke auch, viele sind sich einig, dass das plötzliche Hin und Her, die ständigen Veränderungen und der Flickenteppich an Maßnahmen die Geduld der Bevölkerung stark strapaziert hat. Vermutlich endet die Einigkeit an dieser Stelle.

V. Die Privilegien der Politik

Aus meiner Sicht waren die drei Jahre von Frühjahr 2020 bis Frühjahr 2023 mit den einschneidendsten politischen Eingriffen verbunden, die ich je erlebt habe. Ich kann es bis heute nicht fassen, dass das wirklich passiert ist. Es hat mir anschaulich vor Augen geführt, dass man Politik nicht immer ignorieren kann. Gesetzgebung geht oft still und leise vonstatten, nicht jedes Gesetz erfährt Aufmerksamkeit. So spürt man nicht immer, dass diese Menschen, die man wählt oder auch nicht wählt, tatsächlich Entscheidungen für einen treffen – und zwar mitunter relevante Entscheidungen. Wir werden regiert. Das finde ich tatsächlich ein bisschen beängstigend. Die Corona-Zeit hat die politische Entscheidungsfindung sehr ins Scheinwerferlicht der Öffentlichkeit gerückt. Man hat verfolgt, wie Entscheidungen entstanden sind, und hat gemerkt, dass dies oftmals doch recht beliebig, manchmal sogar emotional geschieht. Man erlebte hautnah mit, woraus Politik oft besteht: aus Kompromissen. Verschiedene Experten widersprachen sich, die Politik handelte – nicht in allen Bundesländern in Form gleicher Maßnahmen, aber überall ähnlich aktiv. Man überbot sich beinahe gegenseitig, keiner wollte zu wenig regieren, lieber ein bisschen zu viel. Manche »Macher« wollten sich besonders stark spüren und schossen stets vor allen anderen in das eine oder das andere Extrem, je nachdem, aus welcher Richtung der Wind gerade wehte. Wer zufällig an einen Politiker aus Bayern denkt: Ja, genau den meine ich.

Wie immer bei zentraler Planung kam dabei einiges an Merkwürdigkeiten heraus. Geschäfte mussten bestimmte Waren abdecken, während sie andere verkaufen durften, Bänke wurden abgesperrt, Mindesttempos in Fußgängerzonen vorgegeben. Ich glaube, selbst diejenigen, die das Thema ernst genommen haben, mussten bei manchen Maßnahmen schmunzeln. Wer infiziert war, durfte laut einigen Gesundheitsämtern nicht mal mehr allein in den eigenen Garten. Es war mitunter grotesk, die Stimmung aufgeladen. Die Berliner Gesundheitssenatorin kritisierte beim Streit um die Sperrstunde die Wirte dafür, dass sie in einem Rechtsstaat den Rechtsweg beschritten und gewannen. Da viele Maßnahmen sehr willkürlich konzipiert oder gar widersprüchlich waren, wurden einige von Gerichten verworfen. Die 800-Quadratmeter-Regel für den Einzelhandel sorgte für Verwunderung, ebenso, dass ausgerechnet viele Ämter nicht in der Lage waren, Homeoffice anzubieten, während sich die Wirtschaft recht schnell umstellte. Die Versammlungsfreiheit, Gewerbefreiheit und Bewegungsfreiheit wurde in einem Ausmaß eingeschränkt wie in der Bundesrepublik wohl niemals zuvor. Auch die Aufhebung der Maßnahmen kam langsam. Von der ersten Einschätzung, dass Omikron weniger gefährlich sei, bis zur Aufhebung aller Maßnahmen, hat es anderthalb Jahre gedauert. Das ist die Hälfte des gesamten Geschehenszeitraums. Andere europäische Länder reagierten schneller. Unsere Politiker zögerten doch erheblich.

Obwohl es so wertvoll wäre, fand bisher kaum eine Aufarbeitung statt. Welche Maßnahmen haben nicht gewirkt? Welche negativen Begleiterscheinungen gab es? Brauchten wir politische Entscheidungen? Mussten wir regiert werden? Hätten wir auch selbst sinnvoll handeln können? Diese Fragen wurden kaum gestellt. Halbwegs beziffern kann man dagegen die Kosten. Diese sind enorm. Allein auf den Bundeshaushalt entfällt eine stolze halbe Billion Euro. Die Verdienstausfälle der Wirtschaft kompensieren wir mit erheblich gestiegenen Preisen. Mindestens ein Teil der Inflation dürfte auf die damaligen Corona-Maßnahmen zurückzuführen sein. Auch die Zeiten des

Stillstandes wollen bezahlt werden. Wenn man an den Eingriff in die Mandatsfreiheit durch 2G-Plus im Bundestag zurückdenkt oder den Forschungsbericht der AWO und einer Krankenkasse zu den Corona-Maßnahmen liest, in dem von »unerwartet« schweren Folgen die Rede ist und dass die Bedeutung von Angehörigen »unterschätzt« worden sei (das ist kein Witz), ist es schade, dass Politik und Bevölkerung einfach mit dem Thema abschließen wollen und eine wirklich großflächige Aufarbeitung unterbleibt. Stattdessen sprechen einige Politiker davon, man solle sich gegenseitig vergeben. Wenn man dann sieht, dass von Gerichten verworfene rechtswidrige Gesetze ohne Konsequenzen für die politisch Verantwortlichen geblieben sind, die Justiz aber unnachgiebig alte Corona-Fälle verfolgt, wie etwa gegen eine Richterin, die entschied, ein Zutritt zum Pflegeheim sei entgegen der Corona-Verordnung zu gewähren, oder gegen den Weimarer Richter, der gegen die Maskenpflicht an Schulen urteilte und nach dem Willen der Staatsanwaltschaft für drei Jahre ins Gefängnis soll, fällt auf, dass dieses Vergeben sehr einseitig angedacht ist. Die Kleinen hängt man, die Großen lässt man laufen. Meines Erachtens müsste ein Großteil der Maßnahmen gegen gesunde Menschen aufgearbeitet werden. Einzig und bis heute sinnvoll (auch wenn es nicht mehr gemacht wird) war und ist es dagegen, sich krank und hustend zu isolieren, statt sich in die nächstbeste Menschenmenge zu begeben oder selbstbewusst (und egoistisch) in die Bahn zu setzen.

Ich will die Aufarbeitung jedoch nicht an dieser Stelle nachholen, dafür bietet dieses Buch nicht den Raum, sondern ich möchte nur auf die große Macht hinweisen, die unsere gewählten Vertreter trotz aller Schutzmechanismen genießen, bis hin zur Ausgangssperre und Kontaktverboten zu den eigenen

Angehörigen. Meines Erachtens geht zentrale Planung im großen Stil immer schief. Sobald sich Gefahren realisiert hätten, hätten sich die meisten Menschen eigenständig zurückgehalten. Und wenn sie sich nicht realisiert hätten, wären die Menschen vorsichtig wieder mutiger geworden. Ich bin der Meinung, es hätte zur Eindämmung von Covid-19 keines einzigen Gesetzes bedurft – weltweit nicht. Zu keiner Zeit wurde ein Politiker gebraucht. Das Problem der Politik ist fast nie die Intention, sondern es sind die Folgen. Es geht um das Anerkennen nichtplanbarer Komplexität. Deswegen mag ich die Marktwirtschaft, die keine zentrale Planungsinstanz hat. Aufgrund unserer eigenen Begrenztheit sollten wir einsehen, dass Planbarkeit ebenso begrenzt ist und wir nie sicher vor einer Politik sein können, die an die Illusion der Kontrolle glaubt. Staatsversagen ist meiner Erfahrung nach ein viel häufigeres Phänomen als Marktversagen, und dennoch glauben viele Menschen, es sei gut, Wünsche an die Politik zu richten, oder sagen, Politik müsse besser werden. Ich denke, wir brauchen weniger Politik. In einer komplexen Welt sollte es so wenige Herrscher wie möglich geben, die zentrale Planung ausüben können.

> *»Die Hoffnung der meisten Menschen auf eine Regierung, unter der »alles besser« wird, ist genauso kindisch wie die Hoffnung auf bessere Giftschlangen oder bessere Feuersbrünste oder bessere Grippe-Viren.«*
>
> ROLAND BAADER

Dass Politik oft entscheidet, ohne wirklich vor Ort oder betroffen zu sein, zeigt sich aber nicht nur bei den großen bundesweiten Themen, sondern auch im Kleinen. Den meisten Menschen wird diese unheimliche Macht leider erst klar, wenn sie selbst betroffen sind. Der Klassiker: Die Parkplätze in der eigenen Straße verschwinden. Auch hier fallen Entscheidungshoheit und Betroffenheit auseinander. Gleiches gilt für alle bürokratischen Hürden, die sich die Politik neu ausdenkt. Etwa 7 Prozent des Umsatzes einer Firma, das Doppelte der durchschnittlichen Gewinnmarge, müssen laut einer Berechnung des Normenkontrollrates für Bürokratie ausgegeben werden. Es ist leider keine Legende, dass politische Intervention viele Ressourcen vergeudet und Innovation erstickt. Das liegt meines Erachtens sehr stark an der fehlenden Betroffenheit. Wer etwa aus dem öffentlichen Dienst in die Politik wechselt und nie selbst wirtschaftlichen Druck gespürt hat, kann sich in die Situation von Unternehmern oftmals wenig einfühlen.

Politik interessiert sich für Politik. Jenseits eigener Betroffenheit wird daher meist lieber über Verteilungsfragen philosophiert. In einer Welt, in der politische Entscheidungen einen immer größeren Einfluss auf unser tägliches Leben haben, müssen wir uns bewusst werden, wie wichtig es ist, die Betroffenheit und die Entscheidungsgewalt in Einklang zu bringen. Wir sollten darauf achten, dass Politik nicht nur um der Politik willen gemacht wird, sondern dass politische Maßnahmen und Gesetze tatsächlich den Bedürfnissen und Herausforderungen der Bürger entsprechen. Die Trennung von Entscheidung und Betroffenheit ist oft eine Quelle von Ineffizienz und Unverständnis. Vielleicht ist es an der Zeit, dass wir uns stärker für eine Politik einsetzen, die die Bedenken und das Wohl der Menschen in den Mittelpunkt stellt, anstatt sich auf immer komplexere staatliche Eingriffe zu verlassen. In einer Welt, die von zunehmender Komplexität und Unsicherheit geprägt ist, könnte es sein, dass weniger Politik und mehr individuelle Verantwortung der Weg zu einer effektiveren und gerechteren Gesellschaft ist.

ÜBER DAS EIGENE GEHALT BESTIMMEN DÜRFEN UND DABEI GUT AUSSEHEN

In der Politik sollte es um die Inhalte und die Sache gehen. Zumindest im Vordergrund. Und doch gibt es auf eigentlich fast jeder politischen Ebene, egal ob innerparteilich, auf kommunaler, Landes- oder Bundesebene, einen Elefanten im Raum. Jeder sieht diesen riesigen Elefanten, und doch versucht man, ihn so lange wie möglich nicht zu benennen. Wer auf den Elefanten hinweist, tut dies meist nur beiläufig und alle Anwesenden beschwichtigen sofort, dass man sich ja jetzt noch nicht um den Elefanten kümmern müsse. In Einzelgesprächen außerhalb der Runde erwähnt man gelegentlich den Elefanten, ohne sich dabei anmerken zu lassen, dass man über den Elefanten spricht. Der Elefant im Raum ist die Frage: »Was bekomme ich?« Darum soll es nicht gehen, darüber spricht man nicht gerne, und doch ist es ein entscheidender Faktor, der viele politische Geschehnisse erklärt.

Was Politiker verdienen, entscheiden Politiker. Politiker ist, wer gewählt wird. Wer das verinnerlicht, sieht sofort den Elefanten. Das Interessante daran ist, dass die politische Laufbahn einen keineswegs nur in Parlamente bringen kann. Es gibt zahlreiche Beauftragte, die politisch besetzt werden, ebenso die Spitzenämter vieler Behörden, wie etwa viele Polizeipräsidenten, aber auch andere Behördenleitungen diverser Bundes- und Landesbehörden. Andrea Nahles etwa ist seit August 2022 Vorstandsvorsitzende der Bundesagentur für Arbeit. Was man dort verdient, ist übrigens geheim. Im Haushaltsplan sind für die drei Vorstände etwa 1 Million Euro eingeplant. Im Jahr 2010 gab es für die Gehälter eine Rüge des Bundesrechnungshofes. Da diese seitdem dennoch deutlich gestiegen sind, muss man sich wohl keine Sorgen machen, dass sie zu niedrig sind.

Die Besoldungen von Staatssekretären dagegen können in einer Tabelle öffentlich nachgelesen werden. Im Gegensatz zu Beamten müssen sich Politiker aber nicht die Tabelle hocharbeiten. Während Beamte stufenweise aufsteigen, springen Politiker, die mit der richtigen Partei zur richtigen Zeit am richtigen Ort sind, in ihre Position. Gewählt zu werden ist also lukrativer, als aufzusteigen. Selbst als Sozialist wie etwa Kevin Kühnert kann man so zu den absoluten Spitzenverdienern der Gesellschaft gehören – ganz ohne Studium oder lästiges unternehmerisches Risiko. Politik gegen Reiche kann also reich machen.

Doch keineswegs jeder dieser Spitzenverdiener hat auch einen bekannten Namen. Die aktuelle Regierungskoalition im Bundestag hat 37 Parlamentarische Staatssekretäre ernannt, was bedeutet, dass fast jeder zehnte Koalitionsabgeordnete dieses Amt innehat. Die meisten dieser Namen haben Sie vermutlich noch nie gehört. Diese Parlamentarischen Staatssekretäre beziehen neben ihrem Amtsgehalt in Höhe von etwa 12.928 Euro monatlich eine zusätzliche steuerfreie Aufwandsentschädigung von 230 Euro. Als Abgeordnete des Bundestages erhalten sie außerdem eine halbe Diät in Höhe von 5.296 Euro sowie eine gekürzte, jedoch gleichfalls steuerfreie Kostenpauschale von 3.544 Euro. In der Summe ergibt dies ein monatliches Brutto-Einkommen von über 18.000 Euro zuzüglich knapp 4.000 Euro steuerfreier Gelder. Rechnet man den Wert der Pensionsansprüche hinzu, die für ein einziges Jahr etwa so hoch sind wie die Rentenansprüche eines Gering- bis Mittelverdieners in seinem gesamten Erwerbsleben, entspricht das Gesamteinkommen aber einem Wert von knapp 45.000 Euro monatlich in der freien Wirtschaft. Der »Trick« mit den Pensionen ist hier der entscheidende Booster, den selbst kritische Journalisten nur selten mitrechnen. Bei 37 Amtsinhabern ist das nicht billig für den Steuerzahler. Hinzu kommen jährliche Kosten von etwa 300.000 Euro für die Einrichtung und das Personal der Büros der Parlamentarischen Staatssekretäre sowie andere Benefits wie die Bereitstellung von Dienstwagen samt Fahrer.

> »Jede Erziehung, welche an das Ende ihrer Laufbahn ein Amt oder einen Brotgewinn in Aussicht stellt, ist keine Erziehung zur Bildung, wie wir sie verstehen, sondern nur eine Anweisung, auf welchem Wege man im Kampfe um das Dasein sein Subjekt rette und schütze.«
>
> FRIEDRICH NIETZSCHE

Wie schon bei den Beamten (dort allerdings nicht ganz so stark ausgeprägt) ist die Altersvorsorge das versteckte Privileg, auf das es ankommt. Ich finde es nicht per se verkehrt, wenn Menschen mit hoher Verantwortung viel verdienen. Wenn die Summen von bestimmten Firmen in der Wirtschaft freiwillig bezahlt werden, schon gar nicht. Dennoch ist es ein Mythos, dass Politiker »nur« so viel verdienen würden wie auch in der Wirtschaft. Das mag zwar auf den Bundeskanzler zutreffen, aber Abgeordnete oder Parlamentarische Staatssekretäre sind meines Erachtens keinesfalls mit Vorstandsvorsitzenden vergleichbar. Wer mindestens vier Jahre lang Bundesminister war, erhält eine Pension von

4.660 Euro pro Monat. Nimmt man an, dass die Pension 20 Jahre zu je 12 Monaten in Anspruch genommen wird, also 240 Monate, reden wir von über 1,1 Millionen Euro. Inflationsbedingte Abzüge sind zu vernachlässigen, da die Pensionen angepasst werden. Diese Ansprüche sind so hoch, dass sie – wenn man sie auf die vier Jahre der Ministertätigkeit bezieht – einer Verdopplung der Bezüge entsprechen. Das bedeutet also: Es wird jeden Monat ein imaginäres zweites Gehalt auf das Pensionskonto eingezahlt. Niemand sonst erwirbt wohl Rentenansprüche, die einem zweiten Monatsgehalt entsprechen. Rechnet man damit, dass die Pension 25 Jahre in Anspruch genommen wird, werden die Werte noch abenteuerlicher.

Dieses Prinzip zieht sich leider durch den gesamten politischen Betrieb. Diese versteckten Privilegien finde ich besonders unehrlich. Es ist wie erwähnt die gleiche Problematik wie schon bei den Beamten, bloß viel extremer. Diese Form einer modernen Ständegesellschaft könnte meines Erachtens nur durch ein einheitliches Altersvorsorgesystem durchbrochen werden, besser noch durch ein System mit Wahlfreiheit. Die derzeitige Handhabung, neben der staatlichen Rentenversicherung für »normale« Bürger ein Parallelsystem für Beamte, Richter und politische Amts- und Mandatsträger zu betreiben, ist weder gerecht noch nötig.

Bei Abgeordneten fällt dieser Vorteil etwas schwächer, aber immer noch deutlich aus. Die Altersvorsorge ist etwa 50 Prozent so viel wert wie die ausgezahlte Diät. Aus den beispielsweise bei einem Bundestagsabgeordneten offiziell ausgezahlten etwa 10.000 Euro werden so de facto 15.000 Euro, wenn man sie mit dem Verdienst eines Selbstständigen vergleichen würde, der nicht automatisch Altersvorsorgeansprüche erwirbt. Nimmt man an, dass die steuerfreie Pauschale von knapp 5.000 Euro zumindest teilweise auch der privaten Lebensführung zufließt (immerhin fallen Reisekosten kaum an, da zusätzlich eine BahnCard 100 und eine Erstattung der Kosten von Inlandsflügen gewährt wird), kommt man auf ein Brutto-Äquivalent von 20.000 Euro – doppelt so viel, wie es auf den ersten Blick erscheint.

Diese Intransparenz ist bei manchen Landesparlamenten leider sogar noch schlimmer. Das Berliner Abgeordnetenhaus verdoppelte im Jahr 2019 sogar die Pensionen für bereits ausgeschiedene Abgeordnete rückwirkend. Dort fällt die Altersvorsorge prozentual noch deutlich höher aus als im Bundestag, obwohl es sich um ein Landesparlament handelt. Hier entsprechen die Altersvorsorgeansprüche 120 Prozent der eigentlichen Bezahlung, unter anderem weil die Pension bereits zehn Jahre früher gezahlt wird als im Bundestag. Auch dieser Wert ist zwar nicht abgezinst, jedoch wird dies vermutlich durch zukünftige Erhöhungen ausgeglichen. Hinzu kommt noch, dass man als Übergangsgeld 18 Monate weiter bezahlt wird. Das mag isoliert betrachtet sogar verständlich sein, ist aber Bestandteil eines Pakets, das in Summe eine absolut intransparente Privilegierung ist. Wer sich für die ganz besonderen Privilegien in der Berliner Landespolitik interessiert, dem kann ich das Buch *Der Griff in die Kasse* von Hans Herbert von Arnim empfehlen. Viele Informationen sind keineswegs geheim, die wenigsten Menschen lesen bloß die entsprechenden Gesetze und rechnen einmal nach, was ihre Volksvertreter so machen. Das ist das Fatale daran: Es kursieren so viele Informationen. Es darf alles gesagt werden, aber kaum jemand hört hin. Selbst Probleme, die es in die Schlagzeilen der Tagespresse schaffen, werden am nächsten Tag oft kaum noch beachtet. Und so wurde »Der Griff in die Kasse« tatsächlich Realität. Einmal geschaffene Privilegien eines Tages wieder loszuwerden ist dagegen ein schweres Unterfangen. Obwohl zu Recht die Verfassungswidrigkeit angemahnt wurde, ist nicht damit zu rechnen, dass diese Privilegien zeitnah zumindest teilweise wieder zurückgefahren werden – schon gar nicht in Berlin.

> »Den Regierungen ist jede Entschuldigung recht, um neues Geld auszugeben. Geldausgeben ist das Lebenselixier von Politikern. Und zugleich die Grundlage ihrer Macht.«
>
> MILTON FRIEDMAN

Wie sehr die Politik manchmal in ihrer Bubble verfangen ist, merkt man auch daran, dass sich Kanzler und Minister tatsächlich 3.000 Euro Inflationsausgleichsprämie ausgezahlt haben, ohne anscheinend auch nur daran zu denken, welche Reaktionen das auslösen könnte. Dies fiel ihnen vermutlich erst auf, als die *BILD*-Zeitung titelte: »Der Kanzler und seine 16 Minister haben tatsächlich ihren Plan durchgezogen und sich 3.000 Euro Inflationsprämie genehmigt – steuerfrei.«[12] Man ist sich offenbar gar nicht darüber bewusst, was das Privileg auslöst, im Gegensatz zum Bürger per Beschluss über die eigene Bezahlung zu verfügen.

Auch sonst ist man wenig sparsam, wenn man entscheiden darf, aber nicht bezahlen muss. »Die reisenden Abgeordneten: In 5 Monaten über 3 Millionen für Reisen ausgegeben« meldet die *Frankfurter Rundschau*: »Nach nur fünf Monaten also waren

---

12 Quelle (abgerufen am 10.1.2024): https://www.bild.de/politik/kolumnen/politik-inland/lohnerhoehung-fuer-alle-minister-peinliche-instinktlosigkeit-84676384.bild.html

die Mittel für Dienstreisen der Abgeordneten verpufft.«[13] Doch der Dienstreisen-Etat des Parlaments sei nur stellvertretend für das Phänomen erwähnt, wie Menschen natürlicherweise mit fremdem Geld umgehen. In jedem Regionalparlament ist es irgendwann Thema: Bewirtung für Sitzungen, Gruppenreisen zum besseren Kennenlernen oder trotz vorhandener Sachkostenpauschale Laptops für alle Mitglieder zu fordern, um pauschal die »Digitalisierung« als Argument zu präsentieren. Immer wieder schleicht der Elefant durch die Gänge und stellt die Frage: »Wo kann man noch ein bisschen rausholen?« Es ist für Menschen einfach zu verlockend, wenn Ressourcen zumindest scheinbar ihre Endlichkeit verlieren. Deshalb buchen viele privat Sparpreise der Bahn, aber sobald die Firma oder ein Gremium zahlt, wird der Flextarif zum dreifachen Preis gebucht, damit man mehr Bonuspunkte sammelt oder man noch umsonst ein Sandwich in der Lounge bekommt. Fremdes Geld zu verwalten ist eine dumme Idee und wird niemals funktionieren.

> *»Wer sein eigenes Geld für sich selbst ausgibt, der wird sich um ein möglichst gutes Preis-Leistungs-Verhältnis bemühen. Wenn man ein Geschenk kauft, also eigenes Geld für einen Fremden ausgibt, dann wird man zumindest auf den Preis achten. Wer das Glück hat, fremdes Geld für sich ausgeben zu dürfen, dem ist wiederum der Preis egal, zu dem er sich seine Wünsche erfüllt. Am ineffizientesten ist schließlich die vierte Möglichkeit: Wenn fremdes Geld für fremde Menschen ausgegeben*

---

13 Quelle (abgerufen am 10.1.2024): https://www.fr.de/politik/begruendungen-bundestag-abgeordnete-reisen-dienstreisen-pluendern-reiseetat-mit-unterschiedlichsten-92395704.html

wird, dann sind die Kosten egal und die Qualität der erworbenen Produkte auch.«

MILTON FRIEDMAN

Im politischen Umfeld gibt es einen fließenden Übergang zwischen den Privilegien von Politikern und Beamten. Da die Ausgaben des eigenen Apparates in Relation zu den verwalteten Geldern gering erscheinen, wird die Ungerechtigkeit hier selten gesehen. In Anlehnung an Christian Lindners Äußerung über das »Kakaopulver auf dem Cappuccino« könnte man vom Cappuccino-Effekt sprechen. Überhaupt sind Politiker, wenn sie Personal führen, immer nur Pseudo-Arbeitgeber. Seien es Bundestagsabgeordnete, die über 23.205 Euro Arbeitnehmerbrutto im Monat für ihre Beschäftigten verfügen dürfen (was in Wirklichkeit einem Personalbudget von knapp 30.000 Euro entspricht, wenn man die Arbeitgeberabgaben einrechnet), oder das EU-Personal: Egal ob politische Beamte und Angestellte der Abgeordneten oder echte EU-Beamte im Patentamt oder in der Europäischen Zentralbank, man entzieht sich den Systemen der Mitgliedsländer, sodass – abgesehen von einigen Pauschalabzügen – fast brutto gleich netto gilt. Wieder ein Privileg.

Hinzu kommt, dass angesichts der Inflation natürlich auch hier ordentlich nachgelegt wird. EU-Politiker und EU-Beamte erfreuen sich zusätzlich zahlreicher Zuschläge wie Tagegeld, Auslandszulage oder Einrichtungshilfe bei sowieso hohen Bezügen. Und das trotz allgemeiner Unzufriedenheit über die Leistung der EU, die uns neuerdings einheitliche Ladebuchsen vorschreibt und die nebenbei für ihren »regulatorischen Imperialismus« in Verruf geraten ist. Nicht unerwähnt bleiben soll auch, dass in der Sphäre der Politik und des höheren Beamtentums selbst der Jobverlust oftmals ein Privileg ist. Beispiel ist etwa der wegen der Trauzeugen-Affäre in den einstweiligen Ruhestand versetzte Staatssekretär Patrick Graichen, dem weiterhin hohe Zahlungen zustehen. Auch wenn die dahinterstehende gesetzliche Regelung, die Beamte vor Willkür schützen soll, erst einmal durchaus Sinn ergibt, zeigt es doch, wie leichtfertig mit öffentlichen Geldern umgegangen wird. Eine neue Aufgabe wäre wohl eine größere »Strafe« gewesen als der Ruhestand.

Doch die Überschrift des Abschnitts verspricht noch, dass wir uns auch mit dem Aussehen der Politiker beschäftigen. Zumindest in höheren Ämtern müssen sich diese keine Sorgen machen – der Staat zahlt selbst das. Annalena Baerbock gab im vorletzten Jahr 136.500 Euro für ihre Maskenbildnerin aus. Der Visagist von Olaf Scholz schlägt zwar nur mit 40.000 Euro zu Buche, dafür kommt jedoch noch eine halbe Million Euro für professionelle Fotos hinzu. Vizekanzler und Wirtschaftsminister Robert Habeck gab mit über 80.000 Euro das 2,5-Fache im Vergleich zu seinem Vorgänger, Peter Altmaier, für sein gutes Aussehen aus.

Auch hier entscheidet jeder selbst, wie viel fremdes Geld er ausgeben will. Ein Privileg, das eindeutig ein Systemfehler ist. Die Partei macht dabei keinen großen Unterschied. Auch Söder sieht gern Söder – die Bayerische Staatskanzlei gab im Jahr 2022 180.000 Euro für Fotografen aus. Für ein paar Schnappschüsse wird tief in die Tasche gegriffen. Der Kampf um das beste Bild ist nicht zu unterschätzen. Mit hohen Ausgaben für Fotografen und Visagisten versuchen Politiker, immer perfekt in Szene gesetzt zu sein. Es ist klar, dass diese Ausgaben neben den persönlichen Ansprüchen auch dem öffentlichen Image dienen. Doch

V. Die Privilegien der Politik

das Problem ist, wer dafür aufkommt. Während Politiker darüber entscheiden, wie sie aussehen, zahlen die Steuerzahler die Rechnung. Vermutlich ließe sich mit weniger Budget ebenso eine ausreichend angemessene Erscheinung erzielen.

Doch selbst für ausgeschiedene Politiker schlagen die Ausgaben noch kräftig zu Buche. »Für Kosmetik und Frisur der früheren Bundeskanzlerin Angela Merkel hat der Bund seit deren Ausscheiden aus dem Amt fast 57.000 Euro ausgegeben«, berichtet der Tagesspiegel im August letzten Jahres. Natürlich ist mir klar, dass diese Summen in Relation gering sind. Aber genau das ist auch ein Problem. Die Steuertöpfe sind so riesig, dass diese Summen als gering betrachtet werden. Das sind sie absolut betrachtet aber nicht. Die zuletzt genannte Summe etwa entspricht dem jährlichen Einkommensteueraufkommen von sechs Bürgern. Sechs Menschen zahlen also nur dafür Steuern, dass niemand im In- oder Ausland findet, eine ehemalige deutsche Politikerin könnte ungepflegt aussehen. Ja, in Relation zu den staatlichen Einnahmen und Ausgaben ist das »Kakaopulver auf dem Cappuccino«. Es ist aber auch Ausdruck des Obrigkeitsdenkens und von unnötigem staatlichen Stolz. Staaten und auch deren Politiker sollten sich weniger wichtig nehmen. Ich kann durchaus noch verstehen, dass Geld für die Sicherheit von ehemaligen Politikern ausgegeben wird, denn immerhin haben diese Menschen mal eine verantwortungsvolle und repräsentative Aufgabe gehabt. Dass sie sich nicht selbst stylen können – wie jeder andere Mensch auch – oder diese Kosten nicht zumindest von den Parteien getragen werden, kann ich aber nicht verstehen. Dies ist einfach nur eine Respektlosigkeit, die dadurch entsteht, dass das Gefühl für Geld schwindet, wenn man zu große Summen verwaltet. Je abgehobener das System, desto mehr fehlt der

Blick für diesen Respekt. Quod erat demonstrandum: Die EU-Kommission gibt übrigens 2,75 Millionen Euro für Fotografen und Visagisten aus.

Fast Track in der Besoldung – ohne Umweg an die Spitze

Das Privileg, dem ich mich nun widme, ist etwas rechtstechnisch. Es geht darum, nicht eingestuft zu werden. Wer kein Beamter ist oder war, kann damit vermutlich erst mal nichts anfangen. Ein einfaches Beispiel: Ein Kommissar verdient beispielsweise etwa 3.000 Euro brutto in der niedrigsten Erfahrungsstufe, ein Hauptkommissar in der höchsten Erfahrungsstufe dagegen schon knapp 5.000 Euro brutto. Wenn Sie die 110 wählen, werden Sie aber kaum einen Unterschied bemerken. Es können zwei Kommissare kommen, ein Kommissar und ein Hauptkommissar, oder auch gleich zwei Hauptkommissare. Die Funkwagen sind querbeet besetzt. Nur wenn Sie auf die Sterne auf den Schultern achten, erkennen Sie überhaupt den Unterschied. In einem Notfall ist Ihnen vermutlich egal, wie viele Sterne dort sind, sofern Ihnen kompetent geholfen wird. Die gleiche Tätigkeit wird mit steigender Erfahrung also unterschiedlich entlohnt. Zwar kann dies mit einer Verwendung einhergehen, die mehr Verantwortung beinhaltet, muss aber nicht. Ich selbst habe etwa als Kommissar an der Polizeiakademie unterrichtet, viele meiner Kollegen waren Hauptkommissare. Dennoch haben wir die gleichen Inhalte vermittelt – auch wenn die Kollegen mit mehr Diensterfahrung sicherlich über ein größeres Repertoire an Erlebnissen verfügten, die sie als Geschichten einfließen lassen konnten. Trotz einiger Verbesserungsmöglichkeiten ergibt das System der Erfahrungsstufen durchaus Sinn.

Auch in den Parlamenten ist eine gemischte Altersstruktur sicherlich sinnvoll. Eine Einstufung findet bei gewählten Vertretern aber grundsätzlich nicht statt. Wer gewählt wird, wird immer gleich bezahlt. Ein 20-Jähriger, der es beispielsweise in den Bundestag schafft, bekommt auf den Cent den gleichen Betrag wie jemand mit langjähriger Berufserfahrung. Dies soll übrigens nicht heißen, es dürfe nicht auch junge Volksvertreter geben. Ganz im Gegenteil. Die hohe Bezahlung ist dabei aber sogar eher ein Hindernis, denn viele Parteien werden junge Menschen gar nicht erst aufstellen, weil sie denken, eine solche Aufgabe und eine solche Bezahlung seien eine Nummer zu groß. Manche Parteien tun es dennoch. Emilia Fester, Jahrgang 1998 und schon Bundestagsabgeordnete, ist ein Beispiel. Als diese jedoch in einem Interview offenbarte, dass sie nicht beantworten konnte, wann die Bundesrepublik gegründet wurde, und außerdem noch nie von Otto von Bismarck gehört hatte, war der Spott natürlich groß. Vorher war sie schon durch andere Unschlüssigkeiten in ihren Aussagen aufgefallen. Dabei sollte man den Fehler nicht bei Personen, sondern im System suchen. Ich will gar nicht ausschließen, dass ich im gleichen Alter nicht durch (andere) Wissenslücken negativ aufgefallen wäre. Zu Recht wurde aber kritisiert, dass sie für das, was sie dem Land geben kann, deutlich zu gut bezahlt werde. Daran ist das Privileg schuld, dass Politiker nicht eingestuft werden – egal ob als Abgeordnete oder als Minister.

Dies setzt Fehlanreize. Es geht dabei aber nicht nur um das Alter. Für weniger qualifizierte Personen ist eine politische Laufbahn besonders erstrebenswert, da sie verhältnismäßig mehr profitieren, während eine hoch qualifizierte Person, die bereits gut situiert ist, in Relation immer eine geringere Aufwertung erfährt. In dem Wissen, dass ich dies der Veranschaulichung dienend hier etwas verallgemeinere, würde ich sagen, dass es deswegen immer wieder Menschen aus der Kategorie »extrovertiert und mittelmäßig intelligent« und ohne vorherige außerpolitische Lebensleistung schaffen, in gut bezahlte politische Posten zu gelangen. Auch Andrea Nahles, die ich bereits als Beispiel genutzt hatte, hat nach ihrem 15-jährigen Studium nichts anderes außer Politik gemacht. Ich kenne Frau Nahles nicht persönlich und meine dies daher nicht persönlich. Es geht mir nicht um billige Stammtischhetze, aber ich denke, solche Politiker-Lebensläufe schaden der Demokratie. Es macht viele Bürger wütend, wenn sie die Privilegien von Menschen bezahlen müssen, die teils weniger Qualifikationen haben als sie selbst. Ich kritisiere auch nicht pauschal alle Politiker, wohl aber das Prinzip der fehlenden Einstufung. Eine Wahl verleiht keine Kompetenz. Es muss attraktiv sein, eine vorhandene Lebensleistung in die Politik einzubringen und nicht fehlende Lebensleistung durch Politik zu ersetzen. Schon Richard von Weizsäcker kritisierte zu Recht, die Parteien machten sich den Staat zur Beute.

Ein Element, das dies begünstigt, ist ganz klar die Gleichheit der Bezahlung – und diese ist keineswegs selbstverständlich. Bei Schöffen oder vielen anderen Ehrenämtern orientiert sich die Entschädigung am Verdienstausfall. Dies entspricht auch eher dem mehrheitlichen Gerechtigkeitsempfinden. Einem jungen Abgeordneten ohne außerpolitischen Beruf als Junior-Abgeordneten nur die Hälfte zu zahlen würde sicher niemanden umbringen, die Akzeptanz der Politik aber deutlich steigern, auch wenn Frau Fester diesen Vorschlag sicherlich nicht gern hört. Noch besser wäre wohl nur mehr Kompetenz in der Politik.

Das Privileg der dummen Vorschläge

Falls diese Überleitung Hoffnung gemacht haben sollte, muss ich mich entschuldigen, denn dieser Abschnitt zielt in eine andere Richtung. Über 2.600 Abgeordnete gibt es im Bundestag und den Landesparlamenten, allein die kleine Linksfraktion im Bundestag mit ihren 4,9 Prozent beschäftigt zusätzlich rund 200 Mitarbeiter; auf anderen Ebenen (Behörden, Stiftungen) arbeiten ebenso zahlreiche Personen mit politischem Parteibuch, zudem suchen noch viele aufstrebende Politiker den Weg nach oben. Dieser Weg führt über die persönliche Profilierung. Wenn der Job darin besteht, Vorschläge zu machen, die Gesellschaft zu gestalten, ist Schweigen für die Karriere nicht zielführend. Wenn man hochrechnet, wie viele Menschen sich auf Bundes- und Landesebene als Politiker oder Angestellte von Politikern, als politische Beamte oder als Lobbyisten, die Politiker beeinflussen wollen, betätigen, wird einem schwindelig. Obwohl eine Politik-Pause für die Gesellschaft meines Erachtens heilsamer wäre als der inflationäre Wettbewerb des politischen Aktionismus, ist das System darauf angelegt, immer in Rotation zu bleiben und sich permanent zu beschäftigen. Politiker, Redenschreiber und Ministerialbeamte wollen auf keinen Fall untätig sein. Es wird auch an Gesellschaft und Gesetzen gebastelt, wenn kein Bedarf besteht. Je größer der Apparat ist, desto mehr Ideen erzeugt er, denn produzieren kann er nichts. Lieber ein schlechter Vorschlag als kein Vorschlag – und Provozieren dient schließlich der politischen Karriere.

Der Klassiker sind die schon angesprochenen Kleinstgeschenke. Man fordert, irgendetwas soll von allen für alle finanziert werden. Das kann kostenloser Nahverkehr sein, man kann aber auch jede beliebige andere Sache dort einsetzen. Um die eigene Klientel noch besser anzusprechen, kann man auch konkret benennen, wer das Geschenk bezahlen soll. So etwa beim einstigen Vorschlag von Svenja Schulze, damals Bundesumweltministerin, die Heizkosten sollten paritätisch zwischen Mietern und Vermietern aufgeteilt werden. Was sie dabei jedoch nicht bedacht hat: Selbst wenn dies umgesetzt würde, müssten die Vermieter das Geld zwangsläufig in die Miete einkalkulieren. Wovon soll denn der Vermieter die Heizkosten zahlen können, wenn nicht aus der Miete? Soll er zusätzliche Einnahmequellen erschließen, um die Vermietung zu finanzieren? Also anders gesagt: sich einen Nebenjob suchen, um die Vermietung zu finanzieren? Obwohl ich selbst Mieter bin, sehe ich, dass das schlicht Unsinn ist. Ein Vorschlag, der meines Erachtens so sehr an Logik und gesundem Menschenverstand vermissen lässt, dass man sich fragt, warum Frau Schulze noch im Amt ist (inzwischen Bundesministerin für wirtschaftliche Zusammenarbeit und Entwicklung). Zumindest wurde der Vorschlag schnell wieder vergessen, was leider nicht immer geschieht.

Ein anderes Betätigungsfeld sind Verbote. Allerdings besteht hier die erhöhte Gefahr, sich unbeliebt zu machen, was bei Subventionsvorschlägen – so sinnfrei sie auch begründet sein mögen – meist nicht der Fall ist. Dennoch werden auch solche Verbotsideen zahlreich vorgetragen. In diesem Bereich gibt es etwa Vorschläge wie das Tempolimit für Fahranfänger. Jeder Mensch, der keinen persönlichen Fahrer hat, sondern selbst schon einmal Auto gefahren ist, kann sich sofort bildlich vorstellen, wie sich Schlangen hinter solchen Fahranfängern bilden – und bei jeder Gelegenheit aggressiv überholt wird. Jede Laiengesprächsrunde kommt nach spätestens fünf Minuten darauf, dass dies die Anzahl der Überholvorgänge massiv erhöhen würde. Das angestrebte Ziel einer Verringerung der Verkehrstoten dürfte damit kaum erreicht werden. Dennoch werden solche unausgereiften Ideen zahlreich produziert und öffentlich diskutiert. Dass es eigentlich reichen würde, bestehende Regeln durchzusetzen (Abstands- und Überholverstöße werden quasi nicht sanktioniert), ist keine große Erkenntnis und wird auch von fast jedem Journalisten erwähnt, und dennoch finden diese Ideen ihren Weg in die Außenwelt. Nicht jeder Vorschlag ist schlecht, dennoch schießen viele Ideen aus der politischen Bubble massiv am Ziel vorbei.

Einmal wurde diskutiert, dass es ein ökologisches Problem sei, wenn jeder ein Haus im Grünen haben wolle. Solche Sommerlochthemen (die inzwischen ganzjährig gestreut werden) zeigen immer gut, dass politische Debatte oft ein Unverständnis von Freiheit und den Wunsch nach zentraler Planung innehat. Wenn jeder morgen früh nur Kürbiskernbrötchen beim Bäcker kaufen würde, wäre das auch ein Problem, denn diese wären nach wenigen Minuten vergriffen. Obwohl Kürbiskernbrötchen sehr lecker sind und obwohl die Kunden nicht vorbestellen müssen, trat dieser Fall aber bisher nicht ein. Menschen in Freiheit haben natürlicherweise die Eigenschaft, zu unterschiedlichen Zeitpunkten unterschiedliche Entscheidungen zu treffen. Dies ist einer der Gründe, warum eine Marktwirtschaft einer zentralen, politisch geplanten Wirtschaft überlegen ist.

> »Je tiefer der Staat in unsere privaten Angelegenheiten eingreift, desto illusorischer werden Begriffe wie Freiheit und Würde.«
> NORBERT BOLZ

Neben Subventionen und Verboten gibt es dann noch die Wohlfühlthemen, mit denen man im Gespräch bleiben kann, etwa »mehr« Demokratie, »gerechtere« Politik oder »bessere« Bildung zu fordern. Das ist kein konkretes Gesetz, und erst mal muss auch niemand etwas bezahlen. Auch andere Symbolpolitik gehört dazu, etwa das Hissen der Regenbogenflagge vor Amtsgebäuden. Rechte ärgern sich über sie, Linke wollen sie überall sehen, (echte) Liberale freuen sich, sie privat zu sehen, aber nicht im Staatswesen. Ich gehöre zu letzterer Gruppe. Ich habe sie früher selbst als Armband getragen und habe sie auf meinem vorletzten Buchcover genutzt, trotzdem gehen mir Politiker auf die Nerven, die denken, sie würden die Welt retten, wenn sie diese offiziell hissen. Verwaltung hat neutral zu sein und hat mit Moral nichts am Hut. Das zeigt eindrucksvoll die Geschichte, als das Familienministerium die »Progress-Regenbogenflagge« hissen wollte, das Innenministerium aber dagegen erhob, dass dies nicht erlaubt sei, sondern nur die »traditionelle Regenbogenflagge« möglich wäre. Das Familienministerium zeigte die Flagge dann aber trotzdem – als »Zeichen besonderer Solidarität«. Allein, dass man etwas erlauben muss, zeigt, dass Bürokraten sich aus manchen Dingen einfach komplett heraushalten sollten und sich letztendlich nur lächerlich machen können. Der Staat hat Homosexuelle über weite Teile der Geschichte verfolgt. Vielleicht sollte er sich einfach raushalten, statt Geld für Fahnen auszugeben. Hätte dieser sich nämlich schon früher aus dem Privatleben der Menschen herausgehalten, wäre so manche Diskriminierung seitens des Staates nie möglich gewesen. Es ist offensichtlich, dass es den meisten Politikern darum geht, sich in Szene zu setzen, ähnlich, wie wenn sie sich in Katastrophengebieten mit einer Schaufel fotografieren lassen.

Ähnliche Absichten hatte vermutlich Bundeskanzler Scholz, als er die gleiche Bezahlung von Frauen und Männern im Fußball forderte. Auf den ersten Blick gönnt man dies den Spielerinnen sicherlich. Ich zumindest. Auf den zweiten Blick frage ich mich jedoch: Wie soll das gehen? Fußball finanziert sich privat. Sollen die Sponsoren zwangsverpflichtet werden? Welche Firmen soll man zum Sportsponsoring zwingen? Fußballer sind schließlich keine Beamten. Inzwischen gibt es ohnehin auch einen Hype um den Frauenfußball und die Verdienstmöglichkeiten sollten deutlich gestiegen sein. Auch dies zeigt, dass man gewissen Entwicklungen eine Chance geben muss und nicht überall politisch eingreifen muss. Daher sehe ich den Vorschlag von Scholz als ein klassisches Beispiel dafür, wie Politiker meinen, in jeder Nicht-Gleichheit ein Problem zu sehen, das einer politischen Intervention bedürfe.

Das Problem der Politik ist dabei selten die Intention, die meist gut gemeint ist. Es ist eher, bedingt durch die Größe des politischen Apparates, die hohe Frequenz an Vorschlägen, die oftmals ungezügelt alles Private politisch und damit zur öffentlichen Angelegenheit macht.

Zudem ist es eine Illusion, eine Angelegenheit politisch top-down wirklich besser als organisch bottom-up regeln zu können, also das fehlende Verständnis nicht planbarer Komplexität und der damit verbundene Glaube, durch zentrale Planung am Reißbrett wirklich etwas Positives zu leisten. Das ist nicht einmal Boshaftigkeit, sondern Naivität. Als zur Corona-Zeit etwa täglich Anpassungen der Maßnahmen diskutiert wurden, waren viele Politiker wirklich in dem Glauben, dass die von ihnen konzipierten Feinjustierungen über Leben und Tod entscheiden würden, obwohl viele Bürger die Details gar nicht mehr verstanden haben und ab einem gewissen Punkt die Bürokratie gegenüber der Vorsicht Oberhand gewann. Jeder Politiker fühlte sich berufen, am Wettbewerb der Vorschläge teilzunehmen. Getreu dem Motto: »Es wurde zwar schon alles gesagt, aber noch nicht von jedem.« Die Suche nach persönlicher Profilierung führt dazu, dass unser System meines Erachtens zu viele politische Vorschläge hervorbringt. Doch nicht jedes Problem erfordert eine politische Lösung, und nicht jede Form von Ungleichheit ist ein Problem. Wir sollten nicht davon ausgehen, dass politische Intervention immer die beste Antwort ist. Es ist an der Zeit, die Komplexität und Unberechenbarkeit des Lebens zu akzeptieren und sich von der Illusion zu verabschieden, dass die Politik alles regeln kann. Der Überfluss an Vorschlägen zeigt nicht zwangsläufig das Engagement der Politiker, sondern möglicherweise ihre Unfähigkeit, das Wesentliche vom Unwesentlichen zu trennen.

Das Privileg der fehlenden Haftung

Zum Abschluss dieses Kapitels möchte ich auf ein Privileg eingehen, das leider zwingend im demokratischen System steckt. Aus dem Privileg, mit 51 Prozent regieren zu können, folgt das Privileg, nur eingeschränkt für diese Entscheidungen haften zu müssen. Im demokratischen Prozess stehen sich Gruppen gegenüber – Koalitionen und Oppositionen –, und auch wenn man in diesem Spiel manchmal politische Konsequenzen tragen muss, so ist dies in den seltensten Fällen eine Haftung im engeren Sinne, da man sich hinter seiner Gruppe versteckt. In einem toxischen Cocktail aus Halbwissen und guten Absichten werden Entscheidungen getroffen, ohne dass diese immer bestimmten

Personen zuzuordnen sind. Auf diese Weise musste der Bürger schon oft für Träumereien und Prestigeprojekte seiner Politiker bezahlen. Der Bau des Flughafens Berlin Brandenburg dauerte schlappe neun Jahre länger und kostete stolze 5 Milliarden Euro mehr als erwartet. Wenn man dann noch bedenkt, dass die Menschen diesen Flughafen gar nicht haben wollten (diese sprachen sich nämlich in einem Volksentscheid für den Weiterbetrieb des Flughafens Berlin-Tegel aus), ist die Frechheit perfekt. Geld der Bürger wird im Namen der Bürger von gewählten Vertretern für öffentliche Belange ausgegeben, die die Bürger inhaltlich gar nicht teilen. Wer hat dafür die Konsequenzen tragen müssen? Ausschließlich der Steuerzahler. Ich habe keine pauschale Lösung, dennoch sollte durchaus verständlich sein, dass dies die Politikverdrossenheit fördert. Ein anderes Prestigeprojekt ist die gescheiterte Pkw-Maut. Für die Fehlplanung des früheren Verkehrsministers Andreas Scheuer muss der Bund 243 Millionen Euro zahlen. Zwar wird geprüft, ob dieser persönlich haftbar gemacht werden kann, doch Juristen bezweifeln dies. Den Schaden hat also wieder die Allgemeinheit.

Insgesamt zeichnen sich politische Entscheidungen durch wenig persönliches Risiko aus. Es kann zwar selten völlig allein entschieden werden, dafür verschwindet aber auch die Verantwortung in der Gruppe. Im Unternehmertum ist es andersherum. Eine Person entscheidet und trägt im Gegenzug das volle Risiko. Dieses Risiko stellt ein wertvolles Korrektiv dar. Es ermahnt einen, realistisch zu bleiben und die Folgen von Fehlentscheidungen einzupreisen. Dieses Korrektiv ist in der Politik nicht oder kaum vorhanden. Zu oft werden Politiker trotz wirkungsvoller Entscheidungen nicht wiedergewählt oder trotz zweifelhafter Entscheidungen doch gewählt. Meist entscheiden die Wochen und Monate vor der Wahl überproportional. Das Privileg der fehlenden Haftung führt weltweit zu politischer Gedankenlosigkeit und Korruption. Aus den USA etwa stammt die Geschichte, dass Sarah Palin, eine prominente US-Politikerin, nach Recherchen der *New York Times* einen Führungsposten im Landwirtschaftsministerium von Alaska einer Schulfreundin zugeschanzt hatte. Die Qualifikationen dieser Freundin für die Position mit einem ungewöhnlich großzügigen Jahresgehalt war ihre »Liebe zu Kühen als Kind« – eine Tatsache, die auf den ersten Blick wenig mit den Anforderungen des Jobs zu tun hatte. Ähnliche Fälle wurden für vier weitere ihrer Schulfreunde offengelegt. Fehlende Haftung ermöglicht solches Verhalten. Im eigenen Unternehmen würde man gründlich überlegen, ob man unqualifizierte Personen einstellt. Natürlich sei angemerkt, dass dieses Problem auch bei angestellten Managern auftreten kann, wobei die Regressmöglichkeiten im Privatrecht meist dennoch deutlich wirkungsvoller sind. Am besten trägt derjenige, der die Entscheidung trifft, auch die Konsequenzen dafür – im Positiven wie im Negativen. Dies wäre ideal.

Eine solche Verantwortlichkeit fehlt leider gänzlich im Bereich der Geldpolitik. Möglicherweise ist dies sogar der größte Systemfehler, den wir haben. Alle anderen Geschichten dienen zugegebenermaßen auch der Veranschaulichung und Unterhaltung, aber die Welt wird nicht an einer Handvoll unfähiger Mitarbeiter in einem Ministerium zugrunde gehen. Anders könnte es tatsächlich bei der Machtfülle der Zentralbanken sein, die in keiner Weise für ihre Entscheidungen und deren Folgen haften müssen. Man darf sich die Frage stellen, was eine einzige Institution berechtigt, solch eine Macht über unser Geld auszuüben, es gar entwerten zu können. Neben den Parlamenten, die der Verschuldung zustimmen, sind Zentralbanken der größte Treiber der Inflation. Sie entscheiden wesentlich darüber mit, ob die Wirtschaft funktioniert, ob sie zombifiziert oder gar zusammenbricht.

Wie mehr persönliche Verantwortung in politische Prozesse gebracht werden kann, bleibt eine wichtige Herausforderung für die Zukunft. Auch so manche Corona-Maßnahme hätte es hierzulande wohl nicht gegeben, wenn der Anstieg der Verschuldung um eine halbe Billion Euro auch bei Politikern zu Einbußen geführt hätte. Um 35 Prozent ist in den letzten vier Jahren allein die Verschuldung des Bundes angestiegen. Wer in seiner Firma so massive Finanzprobleme hätte, müsste wohl auch das eigene Gehalt kürzen. Die bekannte Weisheit, dass es keine Kriege mehr geben würde, wenn alle Politiker an die Front geschickt werden würden, ist zwar sehr drastisch formuliert, weist aber auf ein grundlegendes Prinzip hin: Individuen sollten die Konsequenzen ihrer Entscheidungen selbst erleben. In der Politik könnte dies bedeuten, dass politische Entscheidungsträger direkter von ihren Beschlüssen betroffen sind und sich nicht hinter anonymen Institutionen verstecken können. Dies würde nicht nur zu verantwortungsvollerem Handeln führen, sondern auch das Vertrauen der Bürger in die politischen Prozesse stärken. Ein solcher Wandel erfordert jedoch tiefgreifende Veränderungen im politischen System und eine breite gesellschaftliche Diskussion darüber, wie mehr persönliche Haftung und Verantwortung in der Politik erreicht werden können.

VI. Die Privilegien der Unprivilegierten

Sozialrecht einfach erklärt

Ja, auch Unprivilegierte haben Privilegien. Das klingt paradox, ist aber ein Ergebnis des deutschen Sozialrechts. Ein kleiner Exkurs für Nicht-Juristen: Gesetze funktionieren immer mit einem Tatbestand und einer Rechtsfolge. Ein einfaches Beispiel: Wer jemanden umbringt, erhält eine lebenslange Freiheitsstrafe. Das Erste ist der Tatbestand, das Zweite die sogenannte Rechtsfolge. Dies ist keineswegs nur im Strafrecht so. Wenn ich einen Vertrag schließe, zum Beispiel ein Brötchen kaufe, einen Handwerker beauftrage oder eine Wohnung miete, folgt auf den Tatbestand des Vertragsschlusses, dass ich einen bestimmten Betrag schulde. Das ist dann die Rechtsfolge. Das ist sehr vereinfacht dargestellt (manche Normen definieren oder verweisen auch nur), aber für das grobe Verständnis völlig ausreichend.

Nun schauen wir uns das Sozialrecht an. Dieses funktioniert ganz verallgemeinert nach der Formel: Tatbestand? Du hast nix. Rechtsfolge? Du kriegst was. Natürlich ist Sozialrecht sehr komplex, und im Detail gibt es für Bürgergeld, Sozialhilfe, Wohngeld und Co. ganz konkrete Regeln, was »nix« bedeutet, also welche Freibeträge man hat, welche weiteren Rechte und Pflichten damit einhergehen und was tatsächlich ausgezahlt wird. Diese Details füllen zahlreiche Gesetzesbücher. Die Formel: »Du hast nix, du kriegst was«, mag etwas zynisch klingen, sie ist aber die Essenz des Sozialrechts. Auf den Tatbestand, dass man nichts hat, folgt als Rechtsfolge, dass die Gesellschaft einem etwas geben muss. Es ist das wichtigste Privileg der Unprivilegierten. Auch wenn die Summen nicht hoch sind, ist es ein starkes Privileg, denn dem Anspruch folgt keine direkte Gegenleistung. An dieser Stelle möchte ich nochmals wiederholen, dass ich das wertfrei meine. Ich möchte zunächst einmal nur den Ist-Zustand der Gesellschaft beschreiben.

Die politische Bewertung ist leider keineswegs einfach. Schon Immanuel Kant sah eine große Gefahr im paternalistischen Wohlfahrtsstaat. Dennoch wäre eine Gesellschaft ohne diese Absicherung hierzulande nicht mehr denkbar. Auch diejenigen, die den Wohlfahrtsstaat nicht in Anspruch nehmen, fühlen sich durch seine Existenz oftmals sicherer – auch wenn diese Sicherheit ihren Preis hat. Neben dem finanziellen Preis geht diese Sicherheit mit einer gewissen Domestizierung des menschlichen Wesens einher. Der Mensch in unserem aktuellen System strebt weniger nach Freiheit, Mut, Risiko, Energie, Entschlossenheit, Kreativität und Innovation, sondern wartet eher auf die nächste Fütterung. Mit dieser humorvoll gemeinten Metapher möchte ich keineswegs Empfänger staatlicher Leistungen diskreditieren, sondern die Entwicklung des modernen Menschen beschreiben, der von Privilegien verwöhnt ist. Und ja, Sozialleistungen sind Privilegien. Relative Armut fühlt sich nicht schön an, aber trotz aller berechtigter Sorgen ist es weltweit gesehen keineswegs eine Selbstverständlichkeit, vom Druck der Lebenserhaltung entlastet zu werden. Es ist meines Erachtens das einzig wahre, wirklich passive Einkommen, da die einzige wirklich durchsetzbare Bedingung ist, dass man darüber hinaus nichts haben darf.

VI. Die Privilegien der Unprivilegierten

> *»Lass mich eine Definition von sozialer Gerechtigkeit anbieten: Ich behalte, was ich verdiene, und du behältst, was du verdienst. Bist du anderer Meinung? Dann sage mir, wie viel von dem, was ich verdiene, dir zusteht – und weshalb.«*
>
> WALTER E. WILLIAMS

Die andere Seite der Medaille: Viele Privilegien des Staates und der Politik wären ohne diesen sozialen Anstrich nicht in dem Maße denkbar, weil sie schlicht nicht akzeptiert werden würden. Das Bundesministerium für Arbeit und Soziales ist das mit Abstand teuerste Ministerium, gewissermaßen ein Schwerpunkt der Staatstätigkeit. Die Umverteilung des Sozialstaats war in den letzten Jahrzehnten eine wichtige Legitimation für die Politik. In einer Zeit, in der fast überall Personalnot herrscht und gleichzeitig die Kosten für den Sozialstaat steigen, gerät diese Politik allerdings zunehmend unter Druck. So sehr Hilfe in Not sinnvoll ist, entfalten Privilegien leider immer Nebenwirkungen. Das merkt man schon daran, dass zu knapp bemessene Leistungen viel häufiger kritisiert werden als etwa eine zu langsame Terminvergabe. Die Haltung »Der Staat hat die Verantwortung, nicht ich« ist nicht selten.

> *»So sehen wir denn in der Tat fast überall mit den entsetzten Augen des Zauberlehrlings, dass dem modernen Wohlfahrtsstaat eine fast unwiderstehliche Tendenz zum immer weiteren Wachstum innewohnt. Immer neue Bereiche der Zwangshilfe werden entdeckt, immer neue Gruppen der Bevölkerung erfasst, immer umfassendere Hilfen gewährt und immer vollkommenere Projekte angenommen.«*
>
> WILHELM RÖPKE

Menschen, die aus dem Jobcenter kommen und draußen in teure Autos einsteigen – natürlich kann man nicht wissen, was sie dort gemacht haben (vielleicht haben sie sich abgemeldet), trotzdem muss man ehrlich sagen: Wer in großen Städten ein Jobcenter in der Nähe hat, sieht dies mehrmals pro Woche. Dies ist eine eigene Erfahrung. Ich will sie nicht verallgemeinern, dennoch ist es kein Geheimnis, dass im Sozialrecht das gleiche Prinzip gilt wie im Steuerrecht: Am besten geht es denen, die die Regeln kennen und sie (aus-)nutzen. Schon Tatbestand und Rechtsfolge der Sozialgesetze zeigen, dass der Sozialstaat per definitionem ungerecht sein muss, denn er knüpft nicht an eine Leistung, sondern an einen Zustand an. Er ist vor allem unfair gegenüber denjenigen, die ihn finanzieren. Das zeigt sich gut etwa an der Halbierung der Einkommensgrenze beim Elterngeld. Diese Leistungskürzung betrifft ausgerechnet diejenigen, die einzahlen, man könnte sagen: die eigentlichen »Kunden« des Staates. Keine Firma würde auf die Idee kommen, bei den besten Kunden als Erstes zu sparen. Ähnliches gilt auch beim BAföG. Nur wenn beide Eltern zusammen weniger als 2.415 Euro zur Verfügung haben, ist die volle Förderung möglich. Das sind gerade einmal etwas über 1.200 Euro pro Elternteil. Das Paradoxe: Gerade die untere Mittelschicht ist der große Verlierer dieses Systems. Während Kinder aus einer Sozialleistungsfamilie Leistungen nach dem BAföG beanspruchen dürfen und in ihrem Studium elternunabhängig sind und sogar ausziehen dürfen, werden Kinder aus der unteren Mittelschicht darauf verwiesen, im Zweifel Unterhaltsklage gegen ihre Eltern einzureichen. Da das kaum ein Kind gern macht, ist diese Personengruppe oft gezwungen, länger bei den Eltern zu leben und Taschengeld statt Leistungen nach dem BAföG zu bekommen.

Das ist der große Nachteil des Sozialrechts: Es ist dafür geschaffen, Armut zu verhindern, nicht um gerecht zu sein. Ich finde, es ist auch keine Schande, das zu sagen. Sozialrecht verhindert, dass Menschen auf der Straße leben müssen. (Diejenigen, die dennoch dort leben, haben meist noch andere außer finanzielle Probleme.) Sozialrecht hat das Ziel, Armut zu minimieren. Es ist das Privileg der sonst Unprivilegierten. Das Ziel des Sozialrechts ist nicht falsch. Aber es ist nicht gerecht. Es kann auch gar nicht gerecht sein. Es benachteiligt die eigentlichen »Kunden« des Staates, die ihn finanzieren. Die untere Mittelschicht hat im Ergebnis meist kaum mehr Geld zur Verfügung. Diese Erkenntnis verschärft sich sogar, wenn man diverse Vergünstigungen einbezieht. Denn wer einen Zettel vom Amt hat, der Sozialleistungsbezug bescheinigt, bekommt viele öffentliche Leistungen günstiger. Das können kleine Ermäßigungen sein, manchmal aber auch erhebliche Beträge. Wer etwa Leistungen nach dem BAföG bezieht, kann, wenn einschlägig, einen Erlass der Materialbezugsgebühren beantragen oder sich mancherorts das Semesterticket aus dem Sozialfonds der Studierendenschaft bezahlen lassen. Die größte versteckte Subvention für Bedürftige ist aber der Wohnberechtigungsschein. Dieser gewährt Zugriff auf Wohnungen, deren Quadratmeterpreise durch staatliche Zuschüsse mehrere Euro unter dem tatsächlichen Preis liegen, sodass ein kleiner bis mittlerer dreistelliger Betrag pro Monat gespart wird. Die Wohnungen dürfen auch behalten werden, wenn die Voraussetzungen nicht mehr vorliegen. Wer alle Angebote des Staates voll ausschöpft – die leider recht intransparent sind, sodass man den Gesamtwert schätzen muss –, kann problemlos den gleichen Lebensstandard erreichen wie ein in Vollzeit arbeitender Geringverdiener. Linke Politiker erwidern darauf gerne, dass dann die Löhne steigen müssten. Allerdings steigen dann zeitverzögert auch die Preise und die Sozialleistungen. Die grundsätzliche Eigenschaft des Sozialstaats, den letzten und den vorletzten Platz anzugleichen, lässt sich so nicht ändern.

Dass dies auch negative Anreize setzen kann – gerade bei Personen, die nachrechnen –, ist in der Politik bekannt. Andererseits ist die Sozialpolitik ein großes Betätigungsfeld der Politik, und ohne Arbeitslose wären mangels Raum für Sozialdebatten wohl auch große Teile der Politik arbeitslos. Daher feiert man sich lieber dafür, wenn man wie im Bundesland Berlin große Teile des Freizeit- und Kulturbetriebs für Sozialleistungsempfänger nahezu kostenlos macht und für diese Gruppe das 9-Euro-Monatsticket im Nahverkehr wieder einführt. Diese kleinen Privilegien für die Armen rechtfertigen die großen Privilegien des Politikbetriebes, denn weite Teile der Bevölkerung haben positive Assoziationen mit »sozialer Politik« und heißen diese gut, natürlich meist ohne sich mit den Details zu beschäftigen. Die Sozialpolitik mag daher durchaus auch die Personalknappheit in manchen Branchen erklären.

Das Prinzip ist: Wenn jemand in einer bestimmten Lebenssituation ist, erhält er automatisch staatliche Unterstützung. Dies kann dazu führen, dass es für einige Menschen »lohnt«, diese Situation aufrechtzuerhalten, um in den Genuss der Hilfen zu kommen. Während diese Unterstützungsleistungen scheinbar von einer gesichtslosen Behörde kommen, dürfen wir nicht vergessen, dass sie letztendlich von anderen Menschen finanziert werden – von Steuerzahlern, die ebenfalls Verantwortung für sich und andere tragen. Italien hat aus diesem Grunde gar das Bürgergeld wieder abgeschafft. Die Begründung: häufiger Betrug, Schwarzarbeit, Mangel an Arbeitskräften in Gastronomie und Tourismus. Dennoch muss man feststellen, dass die Erfahrungen in jedem Land unterschiedlich sind. Möglicherweise ist bei uns auch nur die Dysfunktionalität des Sozialstaates das Problem. Lediglich 17 Prozent der ukrainischen Flüchtlinge in Deutschland sind nach Stand Oktober 2023 erwerbstätig. Dagegen beträgt der Anteil in Dänemark deutlich über 50 Prozent.

Prominente Wirtschaftsexperten wie der Leiter des ifo-Instituts, Clemens Fuest, betonen, dass für viele Empfänger von Sozialleistungen die Annahme einer Vollzeitstelle finanziell nicht attraktiv sei. Dies betrifft insbesondere Alleinerziehende und Personen mit geringer Qualifikation, die mehrere Kinder versorgen. Für sie ist es oft wirtschaftlich vorteilhafter, zusätzlich zur Grundsicherung nur geringfügige Einkünfte zu erzielen. Denn wer zu eifrig ist, verliert nicht nur den Anspruch auf das Bürgergeld, sondern auch auf Wohngeld und andere Transferleistungen. Tatsächlich gleicht dies in der Praxis einem faktischen Arbeitsverbot. Im Grunde können die Betroffenen gar nichts für diesen Umstand – der Fehler liegt im System. Der Gedanke der Absicherung steht oft im Widerspruch zu einer sinnvollen Anreizstruktur. Eine Umfrage des Bundesinnungsverbands des Gebäudereinigerhandwerks zeigt, dass in dieser Branche mit insgesamt 700.000 Beschäftigten mehr als zwei Drittel aller Vorgesetzten schon erlebt hätten, dass Angestellte mit der Begründung kündigen, dass sie dann Bürgergeld bekämen. 6 Millionen Mindestlohnbeschäftigten stehen aktuell rund 4 Millionen Bürgergeldempfänger entgegen, das Verhältnis ist fast ausgewogen. Nicht selten werden in manchen Branchen auch Sozialleistungen und Schwarzarbeit einfach kombiniert.

Die Legende von Sankt Martin, der seinen Mantel mit dem Bettler teilte, erinnert uns daran, dass Mitgefühl und Großzügigkeit wichtige Werte in unserer Gesellschaft sind. Doch wie die Geschichte des geteilten Mantels uns zeigt, lässt sich der Gedanke des Teilens von Ressourcen nicht endlos fortsetzen. Denn wenn der Bettler genauso großherzig ist und einen anderen Bettler trifft, müsste er ihn wieder teilen. Dann hätte jeder nur einen Viertel Mantel. Irgendwann geht die Substanz des Mantels verloren und jeder friert. Besser wäre es, eine Mantelfabrik zu eröffnen. Die wahre Stärke einer Gesellschaft liegt nicht nur darin, ihre Bürger zu versorgen, sondern auch darin, sie zu inspirieren und zu ermutigen, durch persönliche Entscheidungen und Projekte einen positiven Einfluss auf die Welt auszuüben. Im Wohlfahrtsstaat geht auch die Bereitschaft zurück, privat zu helfen. Auch das Verständnis für soziale Lebensprojekte geht zurück, wenn man nur auf den Staat setzt. Dann geht es nur darum, zu arbeiten und seine Steuern zu bezahlen, denn damit habe man seinen Anteil getan. Es gehen sowohl die privaten Ressourcen als auch das private Interesse verloren, die Welt mit persönlichen Entscheidungen und Projekten besser zu machen. Wie ein bürokratiearmer, schlanker Sozialstaat aussehen könnte, der die richtigen Anreize setzt, ist eine sehr komplizierte Frage – vor allem, wenn er nicht Privilegien an einen bestimmten Zustand knüpfen soll. Wir werden am Schluss des Buches einen Blick darauf werfen.

Kleine Geschenke aus der Giesskanne

Die kleinen Geschenke der Politik hatte ich am Anfang des Buches bereits erwähnt und auch im vorherigen Abschnitt wieder angedeutet. Sie richten sich überwiegend an sonst Unprivilegierte und ergänzen fallweise die Sozialleistungen, in manchen Fällen können sie aber auch von allen Bürgern »mitgenommen« werden. Sie sind oft eine Form der Massenbestechung frei nach dem Motto »Wer bietet mehr?« und bringen der Politik mediale Aufmerksamkeit. Gesellschaftlich und finanziell sind sie meist unbedeutend. Ein gutes Beispiel war die sogenannte Energiepreispauschale. Anfangs sollten sie nur bestimmte Gruppen bekommen, durch den Druck diverser Verbände haben zum Schluss alle etwas davon bekommen. Ein Geschenk von allen für alle, bezahlt aus neuen Schulden für alle. 300 Euro gab es für alle Erwerbstätigen, nach Protest auch für Rentner, 200 Euro waren für alle in Voll- oder Teilzeit an einer Hochschule eingeschriebenen Personen vorgesehen. Wer Rente bezog, einen Nebenjob hatte und aus Interesse in Teilzeit noch an der Uni eingeschrieben war, bekam 800 Euro. Selbstständige bekamen nichts, konnten die Pauschale aber in ihrer Steuererklärung geltend machen. Bezieher von Arbeitslosengeld I bekamen schon im Sommer separat 100 Euro ausgezahlt und konnten die 300 Euro wie Selbstständige in ihrer Steuererklärung geltend machen. Für Berechtigte des damaligen Arbeitslosengeld II gab es einen Energiekostenzuschuss in Höhe von 200 Euro. Wenn sie nebenbei einen Minijob hatten und an einer Uni eingeschrieben waren, konnten es aber auch 700 Euro sein. Wer denkt sich so was aus? Diese ungefragten Geschenke aus der Gießkanne mit gewaltigen Mitnahmeeffekten sind ein Klassiker des politischen Denkens. Wenn man strukturelle Probleme nicht angehen will, verteilt man Privilegien. Als noch nicht alle ihre Pauschalen abgerufen hatten, wurde sogar Werbung gemacht. Nehmt eure Geschenke! Eigentlich müsste man ja meinen, wer sie nicht abruft, braucht sie nicht, doch der Staat liebt seine Rolle sehr, sodass Studenten etwa noch mehrmals erinnert wurden.

> »Staatsfinanziert bedeutet finanziert von der allgemeinen Bevölkerung. Der Staat hat übrigens kein Geld. Er nimmt sich nur das Geld der Menschen. Manchmal vergessen die Leute, dass es das ist, was tatsächlich passiert.«
>
> Elon Musk

Auch das Deutschlandticket ist eines der Geschenke aus der Gießkanne. Die Idee, nicht in jedem Verkehrsverbund auch ein neues Ticket zu benötigen, ist grundsätzlich gar nicht schlecht. Die Idee, Züge per Subvention brechend voll zu machen, damit manche Leute jedes Wochenende einen Ausflug an die Ostsee machen können, ist zumindest fragwürdig. Manche profitieren, manche profitieren nicht, zum Schluss ist es eigentlich wieder Klientelpolitik. Solange es Stehplätze gibt, sollte es meiner Meinung nach keine Werbung und keine Vergünstigungen für den öffentlichen Nahverkehr geben. Mangels eines Mindestmaßes an Komfort ist er für manche Menschen keine Alternative. So nutzen ihn nur die, die ihn vorher auch schon genutzt haben. Ein Umstieg vom Auto auf Bus und Bahn war nicht zu beobachten. Wer sowieso ein Ticket hatte, hat das Upgrade aber natürlich gern genommen.

In der Welt der politischen Geschenke gibt es immer wieder neue Ideen. So gab es kürzlich 60.000 kostenlose Bahntickets zwischen Deutschland und Frankreich, die verschenkt wurden – eine großzügige Geste, die zweifelsohne vielen eine Reise ermöglichte. Ein weiteres Beispiel dieser Art gab es, als die Europäische Union 36.000 Gratis-Bahntickets an junge Europäer verschenkte, die es ihnen ermöglichen sollten, einmal quer durch den Kontinent zu reisen. Diese Aktionen sind nur zwei Beispiele für das

Prinzip der kleinen Geschenke aus der Gießkanne, bei denen die Politik ihre Großzügigkeit zelebriert, um mediale Aufmerksamkeit zu erlangen, obwohl die gesellschaftlichen und finanziellen Auswirkungen oft minimal sind. Trotzdem frage ich mich: Ist es die Aufgabe des Staates, solche Werbegeschenke zu verteilen, die einigen wenigen Personen zugutekommen, aber von allen bezahlt werden – und für die man sich »bewerben« muss? Kann nicht jeder selbst für seine ganz persönliche Traumreise sparen? Braucht man dafür wirklich Politik?

> *»Alles im Leben hat seinen Preis; auch die Dinge, von denen man sich einbildet, man kriege sie geschenkt.«*
> THEODOR FONTANE

Diese Frage habe ich mir auch bei einer ganz besonderen Aktion gestellt. Im vergangenen Jahr erfand das Land Berlin die Jugendkulturkarte – eine bunte Karte, mit der junge Menschen 50 Euro für Kulturveranstaltungen ausgeben konnten. Dafür musste man sich registrieren und die Karte an einer Ausgabestelle abholen. Von diesen Stellen gab es mehrere, die permanent mit Personal besetzt waren. Zugleich gab es einen Gutschein für eine kostenlose Bibliotheksmitgliedschaft für ein Jahr, der erneut ausgefüllt werden musste. Wer – wie viele – seine Jugendkulturkarte erst am letzten Tag des Aktionszeitraums abholte, konnte diesen nicht mehr einlösen, da die Bibliotheken früher schlossen als die Ausgabestellen und die Software so programmiert war, dass die Gutscheine direkt zum Stichtag nicht mehr angenommen wurden. Selbst bei einem Geschenk wollte man die Gelegenheit offenbar nutzen, jungen Menschen die Sturheit staatlicher Bürokratie vorzuführen. Auch ansonsten war die Karte maximal kompliziert.

Natürlich war es ein Problem, Restguthaben auszugeben. Dieses konnte sehr oft nicht eingelöst werden, da viele Akzeptanzstellen darauf verwiesen, dass ihre Software dies nicht unterstützen würde. Im Ergebnis möchte ich gar nicht wissen, wie viel Geld für Personal, Software und Werbung ausgegeben wurde, um dieses Geschenk zu platzieren. Finanziert – wie immer – von allen. Sie merken inzwischen, dass ich kein Freund solcher Aktionen bin. Wenn ein Unternehmen solche Aktionen machen würde, hätte ich kein Problem damit. Aber die Aufgabe des Staates ist es zumindest in meinen Augen nicht, Werbegeschenke oder Promotion zu machen. Er sollte sich keine Beliebtheit erkaufen oder gar seinen Beamtenapparat damit beschäftigen, indem er mit fremdem Geld Kleinstgeschenke an ausgewählte Gruppen verteilt.

Mieter mit Heiligenschein

Eine andere Gruppe, der politisch viel Beachtung geschenkt wird, sind die Mieter. Mieter sind eine große Gruppe, auch ich zähle mich wie gesagt dazu. Grundsätzlich ist man erst mal unprivilegiert, wenn einem das eigene Zuhause nicht gehört. Dafür haben Mieter jedoch zahlreiche gesetzliche Privilegierungen. Die Privilegien der Immobilieneigentümer habe ich an anderer Stelle auch schon behandelt. So sehr ich das Privileg, eine weitgehend inflationsgeschützte Sachanlage zu haben und dann auch noch Wertsteigerungen nicht versteuern zu müssen, beneide, hat das Mieterdasein meines Erachtens auch Vorteile. Ich persönlich schätze die Flexibilität. Ich möchte gar nicht an einen bestimmten Ort gebunden sein. Ich kann, wenn nötig,

VI. Die Privilegien der Unprivilegierten

mein Leben schnell umstellen und den Ort wechseln, wenn sich entsprechende Chancen ergeben. Ich möchte keinen Makler, keinen Notar und keine Grunderwerbsteuer bezahlen, denn dies amortisiert sich erst, wenn man viele Jahre ortstreu geblieben ist. Je nach Lebensmodell ergibt es für viele Menschen aber Sinn, Eigentümer der selbst bewohnten Immobilie zu sein oder weitere Immobilien zu erwerben. Das ist aber eher eine Frage des Lebensmodells und der persönlichen Präferenz. Immobilien sind keineswegs pauschal ein sichereres oder besseres Investment als andere Anlageformen. Viele sagen, dies sei so, da Häuser etwas für die »Ewigkeit« seien. Dem kann ich nicht zustimmen, denn auch Gebäude verfallen mit der Zeit und müssen instand gehalten werden.

Ich habe aus Interesse vor einiger Zeit die Rendite meines Vermieters hochgerechnet und kam je nach Annahmen (ich hatte keinen Einblick in die Buchhaltung) auf Werte zwischen 3 und 5 Prozent. Dies ist auch durchaus realistisch, zahlreiche Referenzen nennen Zahlen innerhalb dieses Korridors. Ich habe mich daher auch bewusst entschieden, Mieter zu bleiben. Nur ein Bruchteil der Miete bleibt wirklich beim Vermieter hängen, daher gönne ich dem Vermieter seinen Zins. Ich will die Risiken gar nicht tragen und bezahle lieber jemanden dafür, dass ich mich nicht mit dem Gebäude und seiner Finanzierung beschäftigen muss. Eine andere Sache ist natürlich die Wertsteigerung und der Schutz vor Inflation, der Sachwerten innewohnt. Wer Immobilienvermögen hat, ist selbstverständlich keineswegs zu bemitleiden. Wer in den letzten Jahrzehnten welches hatte, hat durchaus an einer ordentlichen Wertsteigerung partizipiert, mindestens nominal, oftmals auch real. Und, wie ich anfangs schrieb, genoss oftmals sogar das Privileg der Steuerfreiheit (was man politisch zu Recht kritisieren kann). Letztlich gibt es jedoch keine Garantie dafür, dass sich diese Entwicklung fortsetzt. Eine entsprechende Annahme wäre schlicht Spekulation und ihre Erfüllung damit Glückssache – somit ist das für mich kein Grund, zukünftig etwas an meinem Mieterdasein zu ändern. Auch wenn ich als Mieter glücklich bin, könnte es für den sozialen Frieden jedoch sehr sinnvoll sein, wenn mehr Menschen auch Eigentümer ihrer eigenen vier Wände wären, gerade dann, wenn sie sesshaft werden möchten. Im Vergleich zu anderen europäischen Ländern liegt Deutschland bei der Wohneigentumsquote auf dem vorletzten Platz. Versteht man selbst genutztes Eigentum insofern auch als Absicherung und Ausdruck von Selbstverantwortung, so ist dieser Wert alles andere als positiv.

Ganz und gar nicht positiv ist dadurch auch das Image der Vermieter. Durch die geringe Eigentumsquote fehlt oftmals auch das Verständnis für wirtschaftliche Zusammenhänge. Ohne betriebswirtschaftliche Kenntnisse könnte man tatsächlich glauben, der monatlich zu zahlende Mietbetrag sei vollständig die Rendite des Vermieters. Auch wenn es sicher schwarze Schafe unter den Vermietern gibt, so sind die meisten Mieten doch Ergebnis einer seriösen Kalkulation. Die öffentliche Debatte dazu ist leider längst emotional und unsachlich.

In vielen Umfragen gibt es Mehrheiten für scharfe gesetzliche Maßnahmen gegen Vermieter wie den Mietendeckel, die letztlich nur eines sind: nämlich Privilegien. Ein Gesetz kann Wohnungen nicht günstiger machen. Wenn das wirklich so einfach wäre, bräuchten wir wohl auch einen Dönerpreisdeckel. Mit etwas gesundem Menschenverstand dürfte man merken, warum das nicht funktionieren kann. Vernünftige Politik hat es bei diesem Thema leider sehr schwer, denn zu leicht lassen sich mit

VI. Die Privilegien der Unprivilegierten

Geschenken auf Kosten anderer Wählerstimmen einsammeln. Mieter sind eine große Gruppe, die die Politik bei Laune halten will. Wahre Probleme wie die Kosten der Bauzeit, die auch durch behördliche Genehmigungen beeinflusst werden, sind für die Politik nicht so sexy wie einfache Lösungen. So kam es auch in Berlin zum Experiment des Mietendeckels, der jedoch aufgrund fehlender Gesetzgebungskompetenz des Landes Berlin als verfassungswidrig verworfen wurde. Inhaltlich ist das Thema damit nicht abgeschlossen. Die Berliner SPD hat beschlossen, dass es nach den nächsten Wahlen keinen neuen Koalitionsvertrag ohne die Einführung eines Mietendeckels geben soll. Dieser erneute Vorstoß wird vermutlich zu einer weiteren Stagnation auf dem Wohnungsmarkt führen und ausschließlich jenen zugutekommen, die bereits in Mietwohnungen leben. Diejenigen, die aus beruflichen Gründen in die Stadt ziehen oder aufgrund wachsender Familien eine größere Wohnung benötigen, werden voraussichtlich vor unlösbaren Problemen stehen, da es schlichtweg keine verfügbaren Wohnungen mehr geben wird.

Man könnte sagen: Die Geschichte lehrt die Menschen, dass die Geschichte die Menschen nichts lehrt. Selbst die kurze Geschichte des Berliner Mietendeckels von 2019 bis 2021 scheint diese Weisheit zu bestätigen. Der Mietendeckel hat keine einzige neue bezahlbare Wohnung geschaffen, sondern im Gegenteil den Wohnungsbau und die Entspannung des Wohnungsmarktes weiter erschwert. Die Leidtragenden dieser ideologischen Politik sind diejenigen, die in Zukunft nach einer Wohnung suchen, denn der Vertrauensverlust in die Politik macht Berlin zu einem unattraktiven Standort. Menschen und Märkte reagieren nämlich auf Anreize. Genauso wie ein großzügiges Bürgergeld für manche ein mächtiger Anreiz sein kann, nicht zu arbeiten, und hohe

Personalkosten einen starken Anreiz darstellen, Tätigkeiten zu automatisieren, und hohe Energiekosten dazu anregen, Industriezweige auszulagern, ist ein Mietendeckel für Immobilienunternehmen ein Anreiz, kein Geld mehr in Sanierungen zu investieren, und hohe bürokratische Hürden ermutigen ebenso dazu, auf jegliche Bauvorhaben und Neuprojekte zu verzichten. Preissetzung durch die Politik ist nämlich immer ein Privileg zugunsten einer Seite. Preise sind jedoch wichtig für optimale Allokation. Hohe Preise drücken Knappheit aus. Diese Knappheit wird jedoch nicht dadurch entschärft, dass man hohe Preise verbietet. Im Gegenteil, witzigerweise verschärft das die Knappheit.

Viele Politiker agieren leider nach dem Motto: Strom kommt aus der Steckdose und Geld aus dem Geldautomaten. Die mangelnde ökonomische Kompetenz einiger Politiker in grundlegenden wirtschaftlichen Zusammenhängen ist bedauerlich. Auch auf Bundesebene forderte SPD-Generalsekretär Kevin Kühnert einen »Mietenstopp« und teilte gegen die FDP aus, die dies angeblich blockieren würde. Man muss sagen, dass der Ärger über hohe Mieten grundsätzlich verständlich ist. Ich ärgere mich auch über teures Essen, teure Flüge oder teure Handwerker. Aber ein Gesetz kann ein Produkt eben nicht ohne Nebenwirkungen günstiger machen. Auch Mieten unterliegen den wirtschaftlichen Gesetzmäßigkeiten von Angebot und Nachfrage. Nur durch eine Erhöhung des Wohnungsangebots könnte der Preisdruck auf dem Wohnungsmarkt gesenkt werden. Dieser Mechanismus, bekannt als Marktwirtschaft, auch eindrucksvoll erklärt in Ludwig Erhards Werk *Wohlstand für alle*, ist bedauerlicherweise in einigen Kreisen in Vergessenheit geraten oder nicht mehr populär.

Es geht mir dabei übrigens nicht um eine pauschale Kritik des Mieterschutzes. Wenn der Eigentümer eine Wohnung der

Vermietung widmet und ein Mieter seinen Lebensmittelpunkt dorthin verlegt, muss der Mieter natürlich einen Bestandsschutz gegen willkürliche Kündigungen genießen, sonst wäre der Deal schlicht nicht fair. Im Gegenzug hat der Vermieter für die Vertragsbindung das Recht auf angemessene, gesetzlich geregelte Mieterhöhungen. Zum historischen Hintergrund: Dieser Interessenausgleich stammt aus dem Jahr 1970. Damals regierte eine sozialliberale Koalition. Der Mieterbund bezeichnete das Gesetz als einen »ersten Durchbruch zu einem Dauermietrecht«. Im Jahr 1974 wurde diese befristete Regelung dauerhaft in das BGB aufgenommen. Der Mieterbund bezeichnete das damals als »Sternstunde für die Mieter«.[14]

Außer in wenigen Hotspots wie München, Frankfurt oder Berlin muss man sagen, dass sowohl der Wohnungsmarkt als auch der gesetzliche Interessenausgleich funktionieren. Außerhalb der Zentren großer beliebter Städte herrscht überhaupt kein Wohnungsmangel. In einer sehr schönen Stadt wie Dresden hat man sogar eine große Auswahl, die Makler vergeben in allen Lagen und allen Größen auch kurzfristig Einzelbesichtigungstermine, die Wohnungen sind insgesamt günstig. Der beste Mieterschutz ist ein breites Wohnungsangebot. Dass mehr Regulierungen, also mehr gesetzliche Privilegien für Bestandsmieter, nichts bringen, kann man eindrucksvoll daran beobachten, wie bei Altverträgen der Mieterschutz ausgenutzt wird, um Wohnungen illegal selbst weiterzuvermieten. Aus den »guten« Mietern werden also, wer hätte das gedacht, »böse« Vermieter. (Menschen in Gruppen einzuteilen ergibt eben immer nur begrenzt Sinn.) Denn wo Marktmechanismen außer Kraft gesetzt werden, entstehen immer

---

14 Quelle (abgerufen am 10.01.2024): https://www.berliner-mieterverein.de/magazin/online/mm1121/50-jahre-wohnraumkuendigungsschutzgesetz-sternstunde-fuer-die-mieter-112119.htm

Schwarzmärkte. Daher kann auch ein Mietendeckel nicht funktionieren. Eingefrorene Mieten sind eine Subvention für diejenigen, die etwa aus ländlichen Regionen in eine der Metropolen umziehen, während andere Gegenden demografisch ausdünnen. Es ist eine fehlgeleitete Idee, dass jeder ein »Grundrecht« auf eine Wunschwohnung im Zentrum der Hauptstadt hätte. Preise tragen auch wertvolle Informationen in sich, zeigen etwa eine Überlastung an. Die Preise in Berlin sagen: »Wenn du nicht unbedingt hier sein musst, bitte schau dich woanders um!«, während sie in Dresden sagen: »Herzlich willkommen!« Auf die Preise zu schimpfen ist daher, wie auf den Feueralarm zu schimpfen statt auf das Feuer. Preise sind nur Indikatoren.

Diese wertvolle Steuerungsfunktion von Preisen wird von der Politik nicht mehr gesehen. Man möchte die emotionalen Wünsche der Bürger am liebsten ohne lästige inhaltliche Auseinandersetzung mit dem Zauberstab erfüllen. Die dezentral entstehenden Preise stören, man möchte Macht über sie haben und sie zentral lenken. Dies ist oft der Kern politischer Forderungen. Das Problem ist, dass die Privilegien derer, die davon profitieren, etwa indem sie eine günstige Wohnung bekommen, von anderen ausgebadet werden müssen, die trotz vorhandener Zahlungsbereitschaft auf dem Markt gar kein Angebot mehr vorfinden. Dieses Unverständnis findet sich neben der Politik auch im Journalismus. So titelte die *Süddeutsche* etwa: »Schwedens Mietmarkt ist der dysfunktionalste Europas, obwohl er eigentlich stark reguliert ist«.[15] Das Wörtchen »obwohl« lässt hier die Hände aller wirtschaftlich verständigen Menschen über dem Kopf zu-

---

15 Quelle (abgerufen am 10.1.2024): https://twitter.com/SZ/status/1678020306806480896, https://www.sueddeutsche.de/stil/schweden-mietmarkt-probleme-wohnungen-stockholm-1.6000297

sammenschlagen. Der Glaube an zentrale Planung durch die Politik ist gewaltig.

In Wirklichkeit ist Regulierung aber meist ungerecht. Sie führt dazu, dass mancher Single in einer Dreizimmerwohnung lebt, weil auszuziehen sich nicht lohnt, da die Wohnung mit einem früheren Partner mittels eines Wohnberechtigungsscheins angeschafft wurde, sodass mangels Ersparnis der persönliche Anreiz zum Umzug fehlt – diese Person wird dann subventioniert zu einem höheren Platzverbrauch angestiftet. Auch regen Privilegien immer zu Betrügereien an. Da wird dann in Absprache mit dem Arbeitgeber für kurze Zeit der Lohn gesenkt, damit man in den Genuss eines Wohnberechtigungsscheins kommt, Partnerschaften vorgetäuscht, damit der Schein für zwei Zimmer ausgestellt wird, oder auch ein Kinderwunsch fingiert, um das »Recht« auf ein drittes Zimmer vom Amt bestätigt zu bekommen. Wo Bürokratie und nicht der Markt entscheidet, wird immer getrickst.

Wie zuvor bereits erwähnt, ist staatliche Wohnraumförderung zudem auch sehr intransparent. Nicht in dem Sinne, dass die verausgabten Mittel nicht nachvollzogen werden können, sondern in dem Sinne nachzuvollziehen, wer genau dadurch welchen Vorteil erlangt hat. Theoretisch kann man im Studium eine geförderte Wohnung beziehen und 50 Jahre später immer noch dort leben, da es den Fehlanreiz gibt, das Privileg möglichst lange nicht wieder herzugeben. Auch die Auswahlkriterien sind unklar. Während in einer Marktsituation derjenige bevorzugt wird, der den höchsten Preis bietet, stehen die Menschen auf einem Einheitsmarkt (ohne die Bepreisung als Instrument) Schlange vor den Wohnungen – und einer bekommt den Zuschlag, nach welchen Kriterien auch immer. Die Vorstellung, dass derjenige, der mehr bietet, eine Wohnung bekommt, finden viele Menschen intuitiv erst mal ganz schrecklich. Da kommt dann als Argument, dass dann Milliardäre immer bevorzugt werden würden. Erstens würde das in der Praxis fast keine Rolle spielen, denn Elon Musk bewirbt sich wahrscheinlich nicht auf eine Zweizimmerwohnung in München. Zweitens würden die meisten privaten Vermieter auch jetzt schon einen Promi bei der Auswahl bevorzugen. Und nebenbei, das vergessen viele, gibt es extrem wenige Menschen, für die Geld gar keine Rolle spielt. Selbst wohlhabende Menschen verschwenden ihr Geld nicht, indem sie einen irrwitzigen Preis für eine Wohnung bieten würden. Niemand zahlt ohne Grund einen hohen Preis. Wer deutlich mehr bietet als ein anderer, tut dies vielleicht, weil seine Arbeitsstelle neben der Wohnung liegt. Der höhere Preis drückt dann auch ein höheres Verlangen aus. Für diejenigen, für die Geld wirklich keine Rolle spielt, gibt es übrigens auch jetzt schon genug Wohnungen. In der Luxusklasse finden Sie problemlos auch Wohnungen in Berlin oder München. Diese stehen auch viel länger leer als Wohnungen im Standardsegment, weil sie eben nicht übermäßig nachgefragt werden. Der befürchtete Schwarm von Milliardären, der die Innenstädte überflutet, bleibt also aus. Aus diesem Grund werden auch ohne politische Einflussnahme nicht nur Luxus-Innenstadtwohnungen entstehen, sondern immer auch einfache Wohnungen – schlicht und ergreifend, weil sie nachgefragt werden. Auch »böse« Investoren produzieren das, was benötigt wird und sie verkaufen können. Es ist ein Irrglaube, dass sich die Wirtschaft ohne Einflussnahme von Politikern wie Kevin Kühnert gegen die Menschen wenden würde. Der Markt ist darauf ausgelegt, Bedürfnisse der Menschen zu erfüllen. Nur wenn es wirklich mehr Wohlstand gibt, werden mehr teure Wohnungen gebaut und angeboten. Der Wohnungsmangel insgesamt ist eben nicht das Ergebnis von zu viel Marktwirtschaft, sondern von zu wenig Markt, oder anders ausgedrückt: von zu viel Politik.

In einer Welt, die nach einfachen Lösungen für multidimensionale Probleme sucht, dürfen wir nicht vergessen, dass der Wohnungsmarkt ein komplexes System ist, das von Angebot und Nachfrage gesteuert wird. Das Streben nach sozialem Ausgleich und bezahlbarem Wohnraum ist ehrenwert, aber wir sollten bedenken, dass Überregulierung und Preissetzung durch die Politik oft unbeabsichtigte Folgen haben. Letztendlich sollten wir auf die Stärken der Marktwirtschaft setzen, um die lokalen Probleme des Wohnungsmangels anzugehen. Mehr Wohnungsbau ohne bürokratische Hürden ist der Schlüssel zu einer langfristigen Lösung, nicht der Privilegienegoismus, der möglichst günstige gesetzliche Regelungen für einen selbst fordert, für die andere bezahlen müssen, und auch nicht die Inszenierung der Politik, die mit unwirksamen Ideen und leeren Versprechungen auf Stimmenfang geht.

Einzelne Gruppen, die der Politik Aufmerksamkeit bringen

Zumindest ist das Fehlen von genug Wohnraum aber dennoch ein relevantes Thema. Die Politik beschäftigt sich allerdings auch gern mit den Sonderinteressen kleinerer Gruppen. Man könnte manchmal fast denken, sie sucht nach Ablenkungsproblemen, um die Themen, die wirklich einen Großteil der Bevölkerung beschäftigen, aus dem eigenen Sichtfeld verdrängen zu können. So, als ob man weiß, dass dringend das gesamte Haus aufgeräumt und geputzt werden müsste, man aber erst mal das Geschirr neu sortiert, weil das mehr Spaß macht und man dann zumindest nicht untätig war, obwohl die Ordnung des Geschirrs vorher nie ein Problem war. Das ist natürlich sehr vereinfacht und zugespitzt dargestellt, dennoch haben viele Menschen nicht das Gefühl, dass die Politik ihr Augenmerk den Themen schenkt, die am dringlichsten sind. Oftmals wären das leider auch die Themen, mit denen man keine Sympathiepunkte gewinnen kann. Wer Themen wie das Renten- und Gesundheitssystem oder die Finanzen konstruktiv angeht, kommt eigentlich nicht daran vorbei, den Abbau von Privilegien zu fordern. Da das ungern getan wird, fällt das Licht des politischen Tagesgeschäftes gern auf irrelevante Nebenthemen. Dabei denke ich mir immer: Wir haben so viele Probleme, dass wir es uns nicht leisten können, Lösungen für Probleme zu erschaffen, die wir gar nicht haben. Da die Kapitel dieses Buches inhaltlich sehr viele Schnittmengen haben, erinnere ich etwa an die beiden Ministerien, die sich nicht einig waren, welche Regenbogenflagge gehisst werden darf. Ich finde Toleranz und Akzeptanz aller erdenklichen Lebensweisen wirklich toll, aber hier beginnt die Selbstbeschäftigung. Der Staat, historisch gesehen der ursprüngliche Aggressor gegen diejenigen, die andere Lebensmodelle leben wollten, schickt Stellungnahmen hin und her. Das braucht keiner.

> »Es wird eine Beute in Aussicht gestellt und eine Gruppe ernannt, der sie zusteht. Wer Quoten fordert, ist an Gerechtigkeit nicht interessiert, sondern verlangt nach Privilegien, die er oder sie sich auf legale Weise nicht zu verschaffen weiß.«
>
> MICHAEL KLONOVSKY

Wenn man im Umfeld politischer Stiftungen inzwischen nach seinen Pronomen gefragt wird, dann merkt man, dass bestimmte politische Kreise ein Eigenleben entwickeln, das sich von der Lebensrealität abgekoppelt hat. Das Problem dabei sind die unterschiedlichen Geschwindigkeiten. Gefühlte 99 Prozent der Menschen außerhalb der politischen oder universitären Bubble sprechen eine andere Sprache. Durch diese elitäre Entfremdung schwindet die Identifikation mit einer Politik, die sich gerne und oft mit Quoten, Beauftragten und diskriminierten Gruppen beschäftigt. Wohlgemerkt, ich mahne hier eine Übertreibung an. Es geht nicht darum, bestimmte Themen zu negieren, sondern ihnen eine gesunde Präsenz zu geben. Ich will damit gar nicht unkritisch in den Leidgesang mancher Boomer einstimmen, die jegliche gesellschaftliche Veränderung ablehnen, zumal ich der Millennial-Generation angehöre. Dass die Gesellschaft mit manchen Themen sensibler umgeht als früher, ist keine grundsätzlich falsche Entwicklung. Im Jahr 1985 wurde in *Otto – Der Film* noch scherzhaft ein Sklave dunkler Hautfarbe zum Verkauf angeboten. Fast 40 Jahre später wäre es undenkbar, diese Szene neu zu verfilmen. Sie ist zu Recht Teil der Filmgeschichte, könnte aber heutzutage nicht mehr gedreht werden. Die mit politischen Diskussionen einhergehende allgemein höher werdende Sensibilität gegenüber unterschiedlichen Lebensmodellen und der steigende Respekt vor den subjektiven Wirklichkeiten anderer ist im Sinne der Freiheit des Einzelnen erst einmal als Fortschritt zu betrachten. Respekt ist eine gute und richtige Sache, Überpolitisierung und Formalismen aber nicht. Rücksichtnahme, Höflichkeit und soziale Intelligenz sind meines Erachtens immer die besseren Berater als politische Korrektheit und Oberlehrerverhalten.

Insofern begrüße ich auch – wenngleich in konservativen Kreisen kritisiert – die geplante Abschaffung des altmodischen Transsexuellengesetzes. Betroffene werden von Bürokratie entlastet und das Gerichtsverfahren sowie die als unangenehm empfundene Begutachtung entfallen. Dies entspricht ganz einfach dem Motto »Leben und leben lassen«. Man muss aber auch akzeptieren, dass die Thematik für viele dennoch schlicht nicht relevant ist. Dass man in den Hochschulgruppen, Jugendorganisationen und teils auch den Mutterparteien von mindestens drei im Bundestag vertretenen Fraktionen quasi keine gemeinsame Gesprächsgrundlage mehr hat, wenn man ohne Gendersternchen spricht und Menschen nicht nach ihren Pronomen fragt, ist eine merkwürdige Entwicklung, wenn man bedenkt, dass zumindest einige dieser politischen Strömungen früher einmal die Arbeiterklasse vertreten wollten. Diese Übertreibung der politischen Korrektheit und die Überbetonung solcher Themen bewirkt leider sogar oft das Gegenteil und führt zu mehr Intoleranz. Zudem sprechen die politischen Lager im wahrsten Sinne des Wortes nicht mehr die gleiche Sprache. Die Tendenz, Sonderinteressen überzubetonen und ihnen politisch und medial ein Privileg der Aufmerksamkeit einzuräumen, halte ich für eine sehr bedenkliche Entwicklung. Das heißt nicht, diese Belange vollständig auszublenden, aber zu akzeptieren, dass sie nicht im Mittelpunkt des gesellschaftlichen Interesses stehen.

»Politik taugt nur etwas, wenn sie das Leben der Menschen besser macht.«

WILLY BRANDT

VI. Die Privilegien der Unprivilegierten

Eine oftmals reine Prinzipienpolitik erlebt man leider auch im Verkehrswesen vieler Großstädte. Beispielhaft sei die Gegend um den Hausvogteiplatz in Berlin herausgegriffen, in der ein Großteil der Nebenstraßen in Fahrradstraßen umgewandelt wurde. Das will ich übrigens gar nicht kritisieren. Es ergibt Sinn, dass der Autoverkehr auf den Hauptstraßen stattfindet und nicht in den Wohngebieten. Aber die Politik mit ihrem parteilichen Gruppen- und Privilegiendenken hat es geschafft, dieses Projekt maximal unsinnig umzusetzen. Die kleinen Nebenstraßen ohne Markierungen hatten ohnehin fast keinen Autoverkehr, denn von mehreren Seiten gab es Einfahrtsverbote, sodass die Straßen sowieso nur für Anwohner relevant waren. Lediglich auf einer Seite gab es Parkplätze, ansonsten war ein gutes Durchkommen für alle möglich. Nun hat man die Fahrbahn in ihrer kompletten Breite für Fahrräder vorgesehen und entsprechend markiert, sodass auch alle Parkplätze weggefallen sind. Die Fahrräder, die auch schon vorher fast allein waren, haben so 5 statt 3 Meter Platz. Es ist ruhig, und es fährt etwa ein Fahrrad pro Minute durch die Straße, also letztendlich alles wie vorher, bloß dass alle Menschen, die dort leben, nicht mehr parken können. Es ist keine Verbesserung eingetreten, auch nicht für die Radfahrer. Es ist eine reine Machtausübung. Eine vorher funktionierende Situation wurde so in ein Problem umgewandelt. Die Politik geht Menschen auf die Nerven, die einfach ihre Ruhe wollen. Jeder, der die politische Struktur des Bezirkes kennt, kennt auch den Grund: Parkplätze sollen verschwinden, selbst wenn der gewonnene Platz gar nicht benötigt wird. Es geht nur darum, sagen zu können: »Wir tun etwas für Fahrradfahrer.« Dass ein Fahrrad für manche Menschen eher ein Sportgerät ist und sich nicht immer eignet, um Einkäufe zu tätigen und bestimmte Arbeitsplätze sinnvoll zu erreichen, wird dabei ignoriert.

Eine solche Überbetonung von Partikularinteressen findet sich auch im Tierschutz. Während ein Vogelnest sogar einer nicht seltenen Art hierzulande das Privileg genießt, dass seine illegale Entfernung verboten ist und Bauarbeiten dafür unterbrochen werden müssen, selbst wenn ein Baustopp Tausende Euro kostet und Betriebe in Schwierigkeiten bringt, werden auf der anderen Seite in Deutschland täglich fast zwei Millionen Hühner geschlachtet. Sie können sich jeden Tag fünf Chickenburger aus Massentierhaltung reinschieben, aber für einen Spatz müssen im Zweifel sogar Polizei und Feuerwehr ausrücken. Ich habe nichts gegen Spatzen, aber finde es schon surreal, wenn sich der Staat als Tierschützer auf Baustellen und privaten Balkonen aufspielt, sobald dies bestimmte Organisationen fordern, während Tierleid durch Massentierhaltung sogar subventioniert wird. Auch teilweise völlig sinnlose Tierversuche sind gesetzlich vorgeschrieben. Und Ferkeln durften mit einer siebenjährigen Übergangsfrist noch bis 2021 aus Wirtschaftlichkeitsgründen ohne Betäubung die Hoden abgeschnitten werden, während von anderer Seite schon gefordert wird, Steuergeld für die artgerechte Fütterung von Stadttauben auszugeben und diese im Schlag bis zu ihrem Tod zu füttern, da eine Tötung tierrechtswidrig sei. Verstehen Sie mich nicht falsch, ich bin absolut für Tierschutz, aber ich habe das Gefühl, was immer der Staat macht, es ergibt vorn und hinten keinen Sinn. Es erweckt eher den Eindruck, die Politik möchte Aufmerksamkeit gewinnen und sich in ein gutes Licht rücken. Bitte behalten Sie auch die Überschrift des Hauptkapitels im Blick, nämlich »Die Privilegien der Unprivilegierten«. Ich will Tierschutz nicht als Privileg darstellen, sondern den staatlichen Tierschutz in seiner jetzigen Form als Effekthascherei, die medienwirksam gefeiert wird, wenn ein Bauvorhaben von einem Beamten der Baubehörde zum Schutz von zwei Eiern unterbrochen wird, der sich danach eine Portion Rührei gönnt, oder die Feuerwehr unter Beifall und Berichterstattung der Lokalzeitung eine verletzte Ente rettet oder den Bahnverkehr unterbricht, weil ein Küken auf den Gleisen liegt, um den Feierabend dann gemütlich bei McDonald's ausklingen zu lassen – die Schizophrenie des modernen Staates.

Alle Beispiele sollen nur zeigen, wie wenig sinnvoll es ist, wenn sich der Staat als Retter aufführt. Toleranz gegenüber Minderheiten zu fördern ist eine grundsätzlich positive Entwicklung. Radfahrern die Möglichkeit zu geben, sich sicher durch die Stadt zu bewegen, ist ebenfalls kein falsches Anliegen. Tier- und Artenschutz sind auch keinesfalls unwichtig. Doch gerade bei diesen Privilegien für die »Unprivilegierten« setzt der Staat oft die falschen Schwerpunkte, denkt parteilich oder verzettelt sich mit Kleinkram. Dagegen ist der Staat in seinem eigentlichen Kerngebiet, in dem er gefordert wäre, oft viel zu schwach.

Viele Bürger würden sich freuen, wenn sie einen Ausweis online beantragen könnten und dieser eine Woche später in unmittelbarer Nähe abholbar wäre. Angesichts der Verdoppelung mancher Preise für Grundnahrungsmittel wäre auch ein Überdenken der expansiven Geld- und Schuldenpolitik sinnvoll. Eine digitale Schule, die von überall mit allen Lernmitteln genutzt werden kann, wäre auch eine tolle Idee. Eine Justiz, die Fälle innerhalb weniger Monate bearbeiten kann – nicht nur, aber auch in Form beschleunigter Verfahren in Strafprozessen –, wäre auch ein politisches Projekt, vor dem ich meinen Hut ziehen würde.

Abgesehen von Floskeln setzt sich leider kaum ein Politiker solche konkreten Ziele. Gerade im Bereich der Sicherheit könnte ein starker Staat ausnahmsweise etwas bewirken, doch genau dort ist er meistens schwach. In manchen Bundesländern bleiben Strafverfahren monatelang liegen, bis ermittelt wird. Eine Vielzahl der Fälle wird dann trotz hinreichenden Tatverdachts wegen Geringfügigkeit eingestellt, weil den Staatsanwaltschaften Kapazitäten fehlen. Eigentlich sollte es das gar nicht geben. Wenn etwas eine Straftat ist, dann ist es eine Straftat. Wenn die Polizei schon Ressourcen in die Ermittlung gesteckt hat, sollte die Justiz die Fälle auch verfolgen. Im Straßenverkehr bleiben mangels ausreichenden Kontrolldrucks fast alle Verstöße außer Geschwindigkeitsübertretungen ungesühnt. Bei Verstößen mit Gefährdung wie rücksichtslosem Überholen oder absichtlichem Ausbremsen könnte man vom Fußball lernen. Statt einem komplizierten Punktesystem bedient man sich der gelben und roten Karte: Gelb bedeutet Androhung des lebenslangen Fahrverbots, Rot heißt lebenslanges Fahrverbot. Die Bereitschaft zu Straftaten im Straßenverkehr würde sicher deutlich sinken. Auch die Sauberkeit auf den Straßen könnte erheblich erhöht werden. Singapur gibt den Weg vor. Kaugummi auf den Boden spucken oder die Kippe ins Bahngleis schnippen – würde das konsequent kontrolliert und das Bußgeld dafür auf 500 Euro hochgesetzt werden, wären die Städte wahrscheinlich sehr schnell sehr sauber.

»Nachsichtigkeit gegenüber den Schuldigen ist Grausamkeit gegenüber den Unschuldigen.«
ADAM SMITH

Auch mit den Klimaklebern liefert man sich seit Jahren ein lächerliches Katz-und-Maus-Spiel. Dabei hat die Corona-Zeit gezeigt, wie schnell neue Gesetze erlassen werden können. In Anlehnung an die Konstruktion des § 304 StGB könnte man auch einen gemeinschädlichen Nötigungsparagrafen erschaffen, zum Beispiel Störung der Infrastruktur. Mit einem entsprechend erhöhten Strafrahmen wären die Aktionen sofort beendet – wenn man es wollen würde. Stattdessen häufen sich die Pannen im Bereich der inneren Sicherheit, eine mittlere zweistellige Zahl an Tatverdächtigen wird jährlich aus der Untersuchungshaft entlassen, weil die Ermittlungen nicht schnell genug gehen. Stark ist man dagegen in der Symbolpolitik. Am Breitscheidplatz in Berlin, wo in der Weihnachtszeit des Jahres 2016 ein Terroranschlag verübt wurde, stehen nun ganzjährig unschöne Betonklötze. Wie wenig sinnvoll das ist, zeigte eine Amokfahrt im Jahre 2022 auf der gegenüberliegenden Straßenseite eines mehrfach vorbestraften, polizeibekannten Täters. Symbolpolitik ersetzt keine funktionierende und konsequente Sicherheitsordnung, die agiert und nicht reagiert. Politik muss das Leben entweder besser machen oder man braucht sie nicht. Dafür muss sie sich mit den Problemen beschäftigen, die wirklich vorhanden sind, und keine eigenen Probleme erfinden. Die vorhandenen Probleme sind eigentlich eine Fundgrube für neue Politiker. Wer wirklich etwas verändern will, findet wahrlich genug unbesetzte Baustellen.

Ablenkung und Aufmunterung für Familien und Rentner

Politik für Familien und Rentner ist beliebt – zumindest als Schlagwort. Kein Wunder, denn beide Gruppen zusammen dürften je nach Definition und Berechnung zwischen 50 und 60 Prozent der Wählerschaft ausmachen. Genau das macht es einerseits so verlockend, diese Personenkreise als Zielgruppe anzusprechen, andererseits aber auch so schwierig, diese Gruppen mit den Standardmethoden der Politik, nämlich kleinen Geschenken, zu bestechen, denn die eingesetzten Mittel teilen sich auf eine Vielzahl von Personen auf. Trotz hoher Ausgaben mag sich ein Gefühl der Privilegierung nicht unbedingt einstellen.

Ich klammere in diesem Abschnitt explizit Personen im Sozialleistungsbezug aus, da es hierzu bereits einen Abschnitt gab. Das wichtigste und stärkste Privileg der Familien – und ich werde nicht müde, nochmals darauf hinzuweisen, dass ich mit einem Privileg erst einmal wertfrei ein besonderes Recht meine – ist das Kindergeld. Es wird unabhängig vom Einkommen ausschließlich aufgrund der Existenz des Kindes gewährt. Man könnte es daher als das einzige echte Grundeinkommen bezeichnen. Es zahlt einen Teil des dem Kind zustehenden Freibetrags aus und ist damit mathematisch so etwas wie eine negative Steuer. Führt der Freibetrag zu einer höheren Ersparnis als die Auszahlung des Kindergeldes, wird stattdessen der Freibetrag gewährt. Dies kommt somit nur solchen Eltern mit höherem Einkommen zugute. In diesem Falle kann man nicht von einem Privileg sprechen, denn damit wird dann lediglich die verfassungsrechtlich garantierte Freistellung des Existenzminimums umgesetzt, die für alle gilt und damit eben kein Sonderrecht ist. Für diejenigen, für die das Kindergeld günstiger ist, ist es eine Besserstellung. Doch auch hier trickst der Staat wieder, da die wenigsten gerne rechnen. Wir haben in diesem Buch schon ausgerechnet, dass Beamte und Berufspolitiker deutlich mehr bekommen, als es den Anschein hat, unter anderem wenn man den Pensionsvorteil einrechnet. Beim Kindergeld ist es andersherum. Die monatliche Überweisung pro Kind beträgt zum Zeitpunkt der Buchveröffentlichung 250 Euro. Die Assoziation beim Blick auf den Kontoauszug ist also erst mal: »Der Staat unterstützt mich mit 250 Euro.« Dem ist aber nicht so. Da dem Kind verfassungsrechtlich ein Steuerfreibetrag für sein Existenzminimum zusteht, besteht die Förderung nur in der Differenz der Steuerersparnis zum ausgezahlten Kindergeld. Und das sind, je nach Einkommen der Eltern, keine 250 Euro mehr. Arbeiten Sie in einem durchschnittlich bezahlten Vollzeitjob, sind es in Wirklichkeit nur wenige Euro. Sie bekommen bloß das ausgezahlt, was Ihnen sonst nicht abgezogen werden dürfte.

Zumindest für arbeitende Eltern ist das Kindergeld daher eher eine Fata Morgana. Auch beim Bezug von Sozialleistungen wird es als Einkommen angerechnet. Es ist eine leichte Entlastung für Geringverdiener, mehr aber nicht. Da es letztlich zum Großteil das auszahlt, was sonst weniger hätte einbehalten werden dürfen, ist die wahre Unterstützung mit deutlich weniger als 250 Euro zu beziffern. Der Zahlungseingang bereitet vielleicht ein gutes Gefühl, aber Sie hätten allen Grund, sich gewaltig verarscht zu fühlen. So wie der Staat die Zuwendungen an seine Bediensteten kleinrechnet, lässt er die Zuwendungen für Familien künstlich deutlich mehr aussehen, als sie in Wirklichkeit sind. Das ist kein geheimes Wissen. Sie können ausrechnen, bei welchem Einkommen welcher Teil des Kindergeldes bezuschusst wird. Wenn Sie arbeiten, fällt dieser Betrag nicht sonderlich hoch aus.

Ich kann es kurz machen: Nicht-verbeamtete Familien genießen wenig Privilegien. Überhaupt haben Berufstätige, die nicht zu den bisher aufgezählten privilegierten Gruppen gehören, eher die Rolle, den Karren zu ziehen und die Privilegien der anderen aufrechtzuerhalten. Leistungen des Staates an sie sind meist nur Scheinprivilegien. Ein schlankerer Staat, der weniger Steuern nimmt, würde diesen Menschen tatsächlich am meisten helfen. Entlastungen wie die Homeoffice-Pauschale haben eher ablenkenden Charakter und sind wie ein Tropfen auf den heißen Stein. Wer von seiner eigenen Arbeit leben kann, hat von einem im Vergleich extrem teuren Staat wie Deutschland eher mehr Nachteile als Vorteile zu erwarten. Selbst andere Länder mit vergleichbaren Sozialstandards sind meist deutlich günstiger. Darum wandern auch jedes Jahr etwa eine Viertelmillion zumeist hochqualifizierte Fachkräfte aus. Manche rechnen es nach, und manche merken es auch intuitiv. Hierauf werde ich am Schluss des Buches noch ausführlicher eingehen.

Um nicht nur schlechte Stimmung zu verbreiten: Am ehesten bekommen Familien noch etwas durch die Subvention eines Kita-Platzes zurück. Ebenso ist die Familienversicherung – durchaus auch ein Privileg – meines Erachtens einer der wenigen durchdachten sozialen Ansätze im staatlichen Leistungsgeflecht. Das Elterngeld, eine Lohnersatzleitung für die frühe Betreuungsphase eines Kindes kurz nach der Geburt, ist zudem eines der sehr wenigen Konzepte, die auf diejenigen ausgerichtet sind, die tatsächlich auch etwas einzahlen. Dieses aus Skandinavien stammende Konzept ist durchaus positiv zu sehen. Die gemeinsame steuerliche Veranlagung spreche ich übrigens bewusst nicht als Privileg an, denn das ist sie nicht. Für diese besteht nämlich auch die Pflicht, für den Partner zu sorgen. Es kann verfassungsrechtlich gar nicht anders sein, als dass man natürlich den für die Existenzerhaltung nötigen Freibetrag gemeinsam nutzt, wenn im Gegenzug auch die Pflicht besteht, dass sich beide gegenseitig unterstützen. Das daher nur als Erwähnung am Rande.

Nun fehlen noch die Rentner. Warum ich diese zusammen mit den Familien in einem Abschnitt untergebracht habe, wird schnell klar: Viel ist nicht zu sagen. Wer in das staatliche Rentensystem eingezahlt hat, hat eher weniger zu lachen. Es ist kein Privileg, diesem System anzugehören. Zudem sind die Zahlungen in die Rentenversicherung obendrein erst seit letztem Jahr voll von der Einkommensteuer abzugsfähig. Zuvor wurden diese Abzüge also teilweise sogar aus dem versteuerten Einkommen getätigt. Man sprach von der »Doppelbesteuerung der Renten«. Tatsächlich könnte man dennoch ein scheinbar sogar großes Privileg nennen: Etwa 30 Prozent des Bundeshaushalts sind Zuschüsse an die gesetzliche Rentenversicherung. Das ist eine gewaltige Summe. Kein anderer Haushaltsposten ist ansatzweise ähnlich groß. Die Bundeszuschüsse erstatten der Rentenversicherung die Aufwendungen für Leistungen, die sie erbringt, ohne dafür Beiträge erhalten zu haben. Dazu gehören beispielsweise die höhere Bewertung von Rentenzeiten in den neuen Bundesländern, die Anrechnung von Berufsausbildungszeiten, die Auszahlung von Altersrenten vor Erreichen des regulären Rentenalters ohne entsprechende Abschläge sowie die Berücksichtigung von Zeiten der Fachschulausbildung und des Mutterschutzes zur Steigerung der Rentenansprüche. Im Ergebnis bedeutet dies also keine pauschale Aufstockung aller Renten. Es ist somit zwar ein großer Posten, der aber überwiegend bestimmte beitragsfreie Zeiten ausgleicht. Schaut man sich die durchschnittliche Rente an und blickt zudem auf den nahenden demografischen Wandel, fragt man sich: Warum können wir nicht alle Beamte sein und Pension statt Rente erhalten? Der Staat hat seine Gründe, warum er seine engsten Vertreter nicht in seinem eigenen Rentensystem versichern will. Klar ist: Renten in Höhe der jetzigen Pensionen sind unrealistisch. Dennoch sabotiert der Staat durch die getrennten Systeme letztlich sein eigenes System. Insbesondere, dass sich explizit die Machthabenden diesem System entziehen, ist maximal unplausibel.

Bildung und Gesundheit für alle

Eine ähnliche Situation gibt es in der Bildungs- und Gesundheitspolitik. In beiden herrschen, ähnlich wie bei den Renten und Pensionen, Zwei-Klassen-Systeme vor. Dabei sind die öffentlich-rechtlichen Systeme leider immer die zweite Klasse. Das Paradoxe ist auch hier: Der Staat rühmt sich zwar, ein soziales System zu haben, das Bildung und Gesundheit für alle garantiert, Beamte und Berufspolitiker sind aber selbst fast immer im privaten System versichert. Auch schicken diese Gruppen zwar nicht immer, aber doch überproportional ihre Kinder auf private Schulen. Auch im Kanzleramtsneubau soll neben dem dringend benötigten Hubschrauberlandeplatz und einer zweiten Kanzlerwohnung noch eine Luxus-Kita entstehen. Das spricht dafür, dass man im politischen Apparat durchaus ein Problem sieht, es aber erst mal nur für sich selbst löst. Der Wunsch nach einer guten Bildungs- und Gesundheitsversorgung ist ja nicht falsch.

Auch die Flucht aus einem nicht funktionierenden System ist verständlich. Es bleibt die Frage nach einer Lösung.

Über das Problem sind sich, zumindest im Großen und Ganzen, sogar alle politischen Lager einig – leider nicht über einen Ausweg. Erstaunlicherweise richten sich viele Reformideen ausgerechnet gegen die funktionierenden Systeme, also gegen die private Krankenversicherung oder gegen alternative private Bildungsangebote. Das habe ich nie verstanden. Warum sollen alle in die zweite Klasse? Warum nicht von der ersten Klasse lernen? Es geht doch darum, Zustände zu verbessern. Es kann doch nicht das Ziel sein, dass es allen schlecht geht. Darauf zielen aber die meisten Vorschläge ab.

Die privaten Krankenversicherungen sind aus meiner Sicht das ehrlichere System. Es besteht Auswahl zwischen vielen verschiedenen Tarifen. Leistung und Gegenleistung bedingen sich. Über den Selbstbehalt kann man die Tarifhöhe mitunter maßgeblich senken. Dies kennen viele schon aus der Kfz-Versicherung. Die Teilnahme an Vorsorgeuntersuchungen wird oftmals belohnt. Wer den Verwaltungsaufwand minimiert und kleine Rechnungen selbst bezahlt statt einreicht, bekommt oft hohe jährliche Beitragsrückerstattungen. Das Selbstbezahlen von Arztrechnungen beugt auch Abrechnungsbetrug und Flüchtigkeitsfehlern im Gesundheitswesen vor, da jeder Patient seine Rechnungen überprüfen kann.

Viele Menschen verteufeln leider Wirtschaftlichkeit, oft aufgrund fehlender wirtschaftlicher Bildung. Mangel entsteht nicht durch Effizienz, im Gegenteil. Der Mangel entsteht oft durch angeblich soziale, aber ineffiziente Systeme. Die gesetzlichen Krankenversicherungen sind daher auch permanent in finanziellen Schwierigkeiten.

Das System der privaten Krankenversicherungen ist stabil. Das passt manchen nicht in ihre Ideologie, ist aber eben die Realität. Meines Erachtens sollte man daher langfristig für die folgenden Generationen ganz auf dieses System setzen, da es dem Grunde nach gesund ist. Die Kopplung der Beiträge an das Einkommen ergibt keinen Sinn, denn die Operation eines Gutverdieners ist nicht teurer als die eines Arbeitslosen. Wer sich die Beiträge nicht leisten kann, wird eben bezuschusst. Dies ist jetzt schon der Fall, so ist es bloß transparenter. Das Zwei-Klassen-System regt dagegen zum Privilegienpicken an. Die gesetzliche Krankenversicherung wird nicht selten ausgenutzt. Viele versichern sich in jungen Jahren privat, um zu sparen, wechseln später aber wieder zurück. Auch viele Unternehmer stellen ihre Partner oder andere Verwandte als Aushilfen ein, damit diese günstig versichert sind. Das gesetzliche System regt auch dazu an, möglichst in Teilzeit zu bleiben. Gerade in Mangelberufen ist dies eine unsinnige und unnötige Anreizsetzung.

Auch im Bildungswesen erstaunt mich die Staatsgläubigkeit. Ich verstehe bis heute nicht, warum so viele Menschen ein staatlich verwaltetes, von Beamten geführtes Schulwesen befürworten. Es wird als Privileg gepriesen, dass Schulen nichts kosten würden und somit Bildung für alle ermöglichen würden. Dabei wird übersehen, dass Finanzierung und Umsetzung zwei völlig verschiedene Dinge sind. Die Qualität von Schulen unterscheidet sich regional, dennoch halten sich die Loblieder auf öffentliche Schulen in Grenzen. Es gibt keinen nennenswerten Wettbewerb unter Schulen oder gar einen richtigen Schulmarkt. Die Einstellung ist: »Schulen kosten halt das, was sie kosten. Es gibt halt die, die da sind.« Selbst wenn Ressourcen aufgestockt werden, gibt es immer von allem zu wenig. Zu wenig Bücher, zu wenig Material, zu wenig Technik, zu wenig Lehrkräfte. Zudem ist das System nicht sonderlich innovativ. Bis auf teure Geräte, die nach dem digitalen Weckruf der Corona-Zeit vermehrt angeschafft werden, haben sich Konzepte und Inhalte wenig verändert.

Seit Jahrzehnten gibt es Kritik, dass Schulen an der Lebensrealität vorbeiunterrichten. Das ist auch nicht verwunderlich, denn Behörden sind eigentlich fast nie innovativ. Sie haben in manchen Bereichen ihre Berechtigung, aber ausgerechnet Bildung gehört meines Erachtens nicht in die Hand von Behörden. Der Ansatz, jedem Menschen Bildung zu ermöglichen, ist ja grundsätzlich nicht verkehrt. Doch was hier als Privileg verkauft wird, ist in der Umsetzung eigentlich gar keines. Da Behörden meist nur gut kontrollieren können, aber fast nie gut umsetzen, sollte man ihnen diese Kompetenz eigentlich entziehen. Jedes Kind bekäme eine bestimmte monatliche Fördersumme, und jede Schule wäre ein kleiner gemeinnütziger Betrieb. Da wäre der Amtsstubengeruch sehr schnell aus dem Bildungswesen verschwunden. Durch die Kostentransparenz wäre auch die Wertschätzung für den Schulbesuch viel höher. Und Schulen mit einem Drogen- oder Kriminalitätsproblem verlieren ruck zuck ihre Kunden. Doch diese kleine Idee sei nur kurz am Rande erwähnt.

Insgesamt ist die »kostenlose« Bildung ein lieblos umgesetztes Privileg für die Unprivilegierten, das Wohlwollen für den – aus meiner Sicht zu teuren – Staat erzeugen soll. Zumindest kommt es allen zugute. Dies ist dagegen etwa bei den Hochschulen und Universitäten nicht der Fall. Diese sind tatsächlich nur ein Privileg für eine bestimmte Gruppe. Über das Thema der Studiengebühren wurde politisch in der Vergangenheit viel gestritten. Auf der einen Seite hieß es, Bildung dürfe nichts kosten, auf der anderen Seite wurde vorgetragen, Menschen in einfachen Berufen würden durch ihre Steuern indirekt die Ausbildung der Akademiker bezahlen, worauf man erwidern könnte, dass diese ja auch irgendwann Steuern zahlen werden. Diese Diskussionen sind typisch für ein System, in dem jeder irgendwie für jeden zahlt. Unabhängig davon, ob man für oder gegen Studiengebühren ist, glaube ich, dass ein Preisschild eine Leistung auch aufwerten kann. Das bedeutet: Das Privileg des gebührenfreien Studiums kann dem Begünstigten manchmal sogar Schaden zufügen. Da die Mittel scheinbar nicht begrenzt sind, lässt man sich mehr Zeit und hat weniger Respekt vor den Ressourcen, die man verbraucht. Bezahlt man etwas, will man sich nicht nur Mühe geben, sondern schätzt auch das Wissen mehr und verlangt geradezu danach. Gute Lehrer oder Professoren bekommen mehr Bestätigung, schlechte Lehrer oder Professoren werden eher kritisiert. Die Qualität der Leistung wird mehr eingefordert.

Dieser Effekt wäre positiv für beide Seiten. Dies soll aber keineswegs ein Plädoyer gegen das Humboldtsche Bildungsideal und für eine schnelle Massenabfertigung sein, die schnell Platz für den nächsten macht. Ich will mich nicht einmal für ein bestimmtes System aussprechen, sondern nur andeuten, dass dieses Privileg nicht der Weisheit letzter Schluss ist. Das viel wichtigere Privileg ist aber die Unterstützung des Lebensunterhaltes, während man eine Bildungseinrichtung besucht. Hier wird es sehr ungerecht. Ich habe dieses Thema bei den Sozialleistungen zwar bereits aus Sicht der Eltern angerissen, möchte eine Ungerechtigkeit hier aber nochmals verdeutlichen, die sich in verschiedenen Facetten immer wieder durch das politische

System zieht. Mit dem BAföG unterstützt der Staat Menschen während des Studiums. Wenn die Eltern nichts verdienen, ist das ein klarer Fall und die Leistung wird gewährt. Verdienen die Eltern sehr viel, gibt es zwar keine Förderung, aber diese können einerseits den Steuerfreibetrag für ihr Kind nutzen und andererseits fördern die meisten gerne die Ausbildung ihres Kindes. Doch, wie sollte es anders sein, Sie sollten auf keinen Fall zur unteren Mittelschicht gehören. Sobald jedes Elternteil etwas über 1.200 Euro zur Verfügung hat, werden Sie auf Ihre Unterhaltsverpflichtung verwiesen und der BAföG-Anspruch sinkt sukzessive mit jedem weiteren Euro. Das System ist gegen die gerichtet, die sich anstrengen. Der Staat ist bei seinen guten »Kunden« besonders knausrig.

Wie kann man das lösen? Sozialleistungen für alle oder lieber für keinen? Ich kann Ihnen die Antwort nicht geben. Die Privilegien der Unprivilegierten sind ein undankbares Thema – deshalb habe ich es auch an den Schluss gelegt. Die Meinung in der Bevölkerung zu den anderen Privilegien in diesem Buch dürfte eindeutiger sein. Dennoch muss man leider sagen, dass ein klassisches Studium durch die staatliche Sozialgesetzgebung für die Mittelschicht am unattraktivsten gemacht wird. Vielleicht ist auch deswegen das duale Studium auf dem Vormarsch, bei dem man von Anfang an bei einem Unternehmen ist. Eigentlich bin ich gegen einen ausufernden staatlichen Leistungskatalog, aber angesichts dieses Ungleichgewichts und der Tatsache, dass der Schritt zu weniger Leistungen in dieser Gesellschaft sehr unwahrscheinlich ist, würde ich es sogar am besten finden, wenn alle jungen Menschen elternunabhängig für 3 Jahre eine Förderung bekommen würden – ohne das Prinzip des Sozialrechts: »Wenn du nix hast, kriegst du was.« Ja, das bekommen dann auch die, die es nicht brauchen. Na und? Die zahlen dafür ja auch mehr ein. Das würde zumindest das paradoxe Phänomen abmildern, dass der Staat die ihn tragende Mitte der Gesellschaft am wenigsten beachtet. Sonst ist es schon fast ein Privileg, arm zu sein.

Der Mindestlohn-Arbeiter

Seit dem Jahr 2015 existiert in Deutschland ein gesetzlicher Mindestlohn. Zuvor wurde hierüber lange gestritten. Seit der Einführung werden Millionen von Menschen nun nicht mehr schlecht bezahlt, sondern schlechtmöglichst bezahlt – gefühlt sogar oftmals ein Rückschritt. Doch Spaß beiseite, auch über die Auswirkungen des Mindestlohnes ist man sich zwischen den politischen Lagern bis heute nicht einig. Auch eine eindeutige Antwort aus der Wissenschaft kann es hierzu nicht geben, denn alternative Szenarien sind immer mit Spekulation behaftet. Einig ist man sich nur, dass ein Mindestlohn unterhalb des sowieso gezahlten Lohnniveaus wirkungslos ist. Erzwingt man tatsächlich höhere Löhne, sind eigentlich zwei Varianten denkbar: Die Kunden akzeptieren gestiegene Preise, wodurch die vom Mindestlohn Betroffenen mehr verdienen und alle übrigen Personen real ein bisschen weniger, da die Preise gestiegen sind. In der anderen Variante führen die gestiegenen Preise zu Verzicht, sodass die Arbeitsplätze entfallen. Die Wahrheit liegt vermutlich in der Mitte. Je moderater die Höhe ist, desto eher wird sie akzeptiert, während eine Verdopplung des Mindestlohnes mit großer Sicherheit bewirken würde, dass bestimmte Produkte und Dienstleistungen von den Kunden weniger genutzt werden wür-

VI. Die Privilegien der Unprivilegierten

den. Die Schwierigkeit, die ich sehe: Wo zieht man die Grenze? Diese Frage konnte mir leider bisher noch kein Mindestlohn-Befürworter beantworten. Wäre es okay, 100 Euro zu fordern? Oder wäre diese Forderung populistisch? Wenn es nicht okay wäre, wie wäre es dann mit 50 Euro? Oder, wenn das auch nicht gut wäre, vielleicht 25 Euro? An dieser Stelle zeigt sich das Problem. Die Mehrheit soll es festlegen. Das bedeutet in der Praxis: die Politik. Man übergibt ein weiteres Thema aus den Händen der Betroffenen in die Hände von Politikern.

> »Es ist nicht der Unternehmer, der die Löhne zahlt – er übergibt nur das Geld. Es ist das Produkt, das die Löhne zahlt.«
>
> HENRY FORD

Aus meiner Sicht führte die Einführung des Mindestlohns in erster Linie zu einer Ausdehnung des politischen Aktionsradius, also einer Expansion des Staates. Es ist ein Thema mehr, das nun zentral statt dezentral entschieden wird. Der Preis bildet sich nicht mehr, sondern er wird gebildet. Nicht mehr vom Markt, sondern nach Plan. Mit jedem neuen Gesetz entsteht die Notwendigkeit einer dauerhaften Betreuung des Themas durch die Politik, es wird zur potenziellen Bestechungsmasse auf Kosten anderer im Wahlkampf. Es ist ein weiterer Schritt von vielen, der das Land von der Marktwirtschaft wegführt.

Leider haben Linke immer noch das Argument, man gönne den Menschen nicht mehr Geld. Das ist ein emotionales Argument, gegen das man sachlich kaum angehen kann. Ich versuche, es mit einem krassen Vergleich aus dem Polizeiwesen zu entkräften: Wenn ich keine verbotene Vernehmungsmethode nutzen möchte, tue ich das auch nicht, weil ich Straftäter toll finde, sondern weil ich daran glaube, dass bestimmte Prinzipien mehr wert sind als ein bestimmtes Ergebnis im Einzelfall. Doch auch dieses Beispiel ist sehr abstrakt. Im Ergebnis ließ es sich nicht verhindern, dass das Thema zum Wahlkampfthema geworden ist.

Es gerät in Vergessenheit, dass die Marktwirtschaft den Wohlstand erst gebracht hat. Eine Politik, die sich nur damit beschäftigt, wie sie vorhandenen Wohlstand neu verteilen kann, geht Schritt für Schritt den falschen Weg. Das Privileg des Mindestlohnes – und ich gönne den Menschen das Geld – ist dabei nur ein winziger Schritt in die falsche Richtung, der natürlich keine wirtschaftliche Katastrophe ausgelöst hat. Um an meinen Vergleich anzuknüpfen: Wenn ein Polizist einem Tatverdächtigen eine einzige Ohrfeige geben würde, dann wäre das zwar falsch, aber zerstört nicht gleich das gesamte Rechtssystem. Wenn man es aber immer wieder macht, dann geht die Essenz des Prinzips verloren. Dieser Prozess ist so gefährlich. Es ist nie ein einzelner Schritt, der das Problem darstellt, es ist die Summe vieler falscher Schritte, die den falschen Weg ausmachen. Und dieser Weg ist es, immer mehr durch Politik regeln zu wollen, den Tätigkeitsbereich der Politik auszuweiten, möglichst viel von oben durch Gesetz vorzugeben, alles zentral steuern zu wollen.

Ursprünglich wollte man das bei der Thematik des Mindestlohnes sogar noch vermeiden. Er sollte einmalig festgesetzt werden, danach sollte sich die Politik heraushalten und den Empfehlungen einer Kommission folgen. Aber es kam, wie es kommen musste. Die SPD forderte eine Erhöhung – und brachte diese in den Koalitionsverhandlungen durch. Damit war der Damm gebrochen. Zukünftig wird es Dauerthema im Wahlkampf sein. Die Partei, die den höchsten Mindestlohn fordert, kann – vermutlich unabhängig von der Qualität des restlichen Programms – von der profitierenden Personengruppe mit Stimmen rechnen.

Das Thema hat der Demokratie allein damit einen Bärendienst erwiesen, obwohl zumindest die Erhöhung sich wirtschaftlich bisher gar nicht negativ ausgewirkt hat. Die Inflation kam diesem Schritt nämlich zuvor. Als der Mindestlohn erhöht wurde, waren die Preise bereits so stark angestiegen und der Bedarf an Arbeitskräften so groß geworden, dass die Löhne vielerorts bereits höher waren. Am ehesten haben Aushilfen profitiert, die auf Minijob-Basis beschäftigt sind. Diese haben durch den höheren Lohn aber meist gar nicht mehr verdient, sondern weniger gearbeitet, da sowohl die Hinzuverdienstgrenzen als auch die Minijob-Schwelle nicht in gleichem Maß angepasst wurden, wodurch es in einigen Branchen stressiger für die Vollzeitkräfte wurde. Ansonsten blieben Effekte weitestgehend aus. Bei der Einführung dagegen mussten sich durchaus einige Branchen zumindest etwas anpassen.

Was auch noch anzumerken ist: Dort, wo der Mindestlohn zu Lohnsteigerungen geführt hat, verdient der Staat mit. Neben den höheren Einzahlungen in die Sozialversicherung (die auch den Einzahlenden zugutekommen) stiegen natürlich auch die Steuereinnahmen. Der Staat hat also auch selbst profitiert. Obwohl es der Politik angeblich um den sozialen Aspekt ging, kamen Mehreinnahmen natürlich nicht den Geringverdienern oder betroffenen Branchen zugute – was ja politisch durchaus möglich gewesen wäre. Zudem sei angemerkt, dass steigende Preise insbesondere vorteilhaft für verschuldete Subjekte sind, denn wenn der Wert von Vermögen sinkt, sinkt immer auch die

Last der Schulden – und kaum jemand ist so hoch verschuldet wie der Staat. Im Ergebnis ist es wie im Casino. Dort gewinnt zum Schluss immer die Bank – und in der Gesetzgebung gewinnt zum Schluss immer der Staat.

In Summe ist der Mindestlohn ein spärliches Privileg mit einer durchschaubaren Wahlkampfabsicht, das von Betroffenen zwar verständlicherweise befürwortet wird, aber weiter an den Prinzipien der Marktwirtschaft sägt. Der Antrieb zur eigenen Verhandlung geht verloren, denn das Signal an die Menschen ist: »Der Staat kümmert sich um meinen Lohn.« Sowohl die Höhe wird weiter Wahlkampfthema bleiben, als auch für kreative Wahlkämpfer der Anwendungsbereich. So fordert Kevin Kühnert etwa, den Mindestlohn auch auf minderjährige Aushilfen unter 18 Jahren auszuweiten. Wer schon einmal Personen aus dieser Gruppe eingearbeitet hat und zusätzlich die jugendschutzrechtlichen Anforderungen zu Pausen und Ähnlichem kennt, weiß, dass das einem Arbeitsverbot gleichkäme, denn das wäre die Leistung in den allermeisten Fällen schlicht nicht wert. Doch im Wahlkampf klingt es natürlich gut. Mit diesem eher schwach ausgeprägten Privileg schließe ich dieses Kapitel. Das Fazit bis hierher: Große Privilegien für die Großen, kleine Privilegien für die Kleinen.

VII. Die wirklich Unprivilegierten

Menschen in Notlagen

Man kann sich darüber streiten, wie viel Sozialbürokratie man braucht. Aber es sei auch erwähnt, dass diese eben kein Garant dafür ist, dass immer schnell geholfen wird – im Gegenteil. Am besten sind Sie psychisch gesund, haben alle Ihre Unterlagen sorgsam aufbewahrt und im Zweifel auch die nötige Zeit und Kompetenz, einen Widerspruch zu schreiben. Das sind die besten Voraussetzungen, einen sozialrechtlichen Anspruch gegen den Staat durchzusetzen. Je weniger Sie wirklich darauf angewiesen sind, desto entspannter können Sie sein. Nicht günstig ist es dagegen, wenn Sie sich wirklich in einer Notlage befinden und Ihnen Unterlagen fehlen. Das ist nämlich die Kehrseite der Verrechtlichung. Sozialrecht ist primär Recht und sekundär sozial – anders als freiwillige, ehrenamtliche Hilfe. Papier hat daher große Macht. Die Unterstützung erfolgt nicht wirklich durch die Gemeinschaft, sondern durch einen Sachbearbeiter, der über fremdes Geld verfügt. Dieser Prozess geht von einem Antragsteller aus, nicht wirklich von einem Hilfsbedürftigen. Das ist beim Bürgergeld so, aber auch bei anderen Sozialleistungen. Bei einem Antrag auf Wohngeld ist eine Wartezeit von über einem halben Jahr nicht ungewöhnlich. Wird der Antrag zurückgewiesen und man widerspricht, können Sie in manchen Regionen fast ein Jahr auf den Widerspruchsbescheid warten. Wenn Sie nicht rechtskundig sind und nicht etwa genau nach 3 Monaten Untätigkeitsklage erhoben haben, haben Sie in dieser Zeit schon dreimal ihre Wohnung verloren. Gerade schwache, hilfsbedürftige Personen lassen sich von diesem behördlichen Auftreten oftmals abschrecken. Eine weitere Besonderheit beim Wohngeld ist sowieso, dass es abgelehnt werden kann, wenn Sie zu arm sind. Wenn Sie also mit 100 Euro weniger im Monat auskommen, als es die Bedarfstabelle der Behörde vorsieht, unterstellt man Ihnen weitere Einkünfte – und ihr Antrag wird abgelehnt. Wenn Sie fest mit einer Bewilligung gerechnet und dann noch eine lange Bearbeitungszeit hatten, sitzen Sie schon halb auf der Straße.

Ein Sonderfall sind auch Menschen ohne Staatsangehörigkeit. Hier zeigt sich, dass für Behörden die Geburtsurkunde meist wichtiger ist als der Mensch dahinter. Ohne Geburtsurkunde fällt ein Mensch in vielen Fällen komplett aus dem System. Aus Sicht von Bürokraten existieren sie nicht. Viele Beispiele in der Geschichte des Sozialstaates zeigen, dass es gerade besonders hilfsbedürftige Menschen mit außergewöhnlichen Schicksalen sind, denen der Staat mit seinem standardisierten System nicht helfen kann. Wer dagegen die Limousine auf die Schwester anmeldet und alles korrekt ausfüllt, hat bessere Karten.

Dies zieht sich durch das gesamte Sozialrecht. Das Spiel richtig zu spielen, also aus Sicht der Behörde zu denken, zahlt sich aus. Wenn Sie ohne Not – frei nach dem Motto: »Man kann es ja mal probieren« – einfach darauf pokern, für Ihre Oma eine höhere Pflegestufe zu bekommen, und diese darin »schulen«, besonders hilflos aufzutreten, haben Sie möglicherweise mehr Glück, als wenn Sie wirklich dringend darauf angewiesen sind und im Stress ohne Vorbereitung auf den Termin unbedacht eine falsche Formulierung wählen, weil Sie Ihre Würde wahren und die Situation vielleicht nicht überdramatisieren wollten. Wenn Sie also dringend Hilfe benötigen und im entscheidenden Moment nicht bekommen, beginnt schnell eine bürokratische Odyssee. Also seien Sie besser nicht darauf angewiesen (wohl leichter gesagt als getan). Ein Prozess vor dem Sozialgericht kann dauern.

Auch möchte ich nochmals erwähnen: Der Sozialstaat soll Notlagen minimieren, aber nicht in erster Linie gerecht sein. Wer also im Laufe seines Lebens finanzielle Rücklagen gebildet hat, aber im Alter mit einer sehr niedrigen Rente zu kämpfen hat, kann mit Ausnahme von Wohngeld nicht mit dem Privileg der Sozialleistungen rechnen. Wer in jungen Jahren den ein oder anderen Urlaub mehr gemacht hat, ist also klar im Vorteil. So ehrlich muss man sein.

Ein guter Sozialstaat – ohne, dass ich damit mehr Umverteilung befürworten würde – sollte solche Aspekte mehr berücksichtigen und für ernsthafte Anträge nicht länger brauchen als eine Bank für eine Kreditkartenbeantragung. Ob der Staat mit seinem Hoheitsrecht und seiner bürokratischen Struktur dafür wirklich geeignet ist, daran zweifle ich. Solche Aufgaben zumindest teilweise durch private Pflichtversicherungen abzudecken, ist jedoch leider aktuell politisch nicht mehrheitsfähig. Im Sinne echter Notlagen begrüße ich es, dass zumindest an der Dienstleistungsmentalität gearbeitet wird. Anträge auf Pflegeleistungen etwa müssen innerhalb von 25 Arbeitstagen bearbeitet werden. Wird die Bearbeitungszeit grundlos überschritten, wird eine Entschädigung von 70 Euro pro angefangener Woche fällig. Das ist eine gute Idee für alle, die wirklich darauf angewiesen sind und die das System verlässlicher macht.

Zum Abschluss sei auch auf die Unprivilegierten außerhalb der westlichen Länder hingewiesen. Auf diese wurde auch während der Corona-Zeit wenig Rücksicht genommen, als große Teile der Wirtschaft angehalten wurden und ganze Geschäftszweige vollständig zum Erliegen kamen. Europäische Unternehmen holen zudem vermehrt Produktionsstätten in die Heimat zurück, und der Protektionismus etwa durch Vorhaben wie das Lieferkettengesetz bedrohen die Existenzgrundlage vieler Kleinbauern im globalen Süden, die die hochgradig bürokratischen westlichen Vorgaben oftmals nicht erfüllen können. Wenn man echten Freihandel durch Deregulierung und Entbürokratisierung ermöglichen würde, könnten alle Beteiligten davon profitieren. Momentan werden Freihandelsverträge eher für den erhobenen moralischen Zeigefinger sowie Überregulierung missbraucht.

Die Brutto-Netto-Lüge – der dumme Lohnarbeiter

Erst mal vorweg: Ich möchte mit der Überschrift keinen Menschen als dumm bezeichnen, sondern vielmehr zum Ausdruck bringen, dass manche Menschen für dumm verkauft werden. Ich hatte es bereits an vielen Stellen dieses Buches zum Ausdruck gebracht: Der sozialversicherungspflichtige Arbeitnehmer macht im gesellschaftlichen Geflecht der Privilegien den schlechtesten Deal. Die Gründe dafür sind zahlreich und viele von ihnen leider sehr subtil, sodass man sie auf den ersten Blick nicht entdeckt. Unsere Gesellschaft ist in dieser Hinsicht intransparent. Zunächst einmal kann man feststellen, dass der durchschnittliche sozialversicherungspflichtig Beschäftigte kaum ein gesetzliches Privileg genießt. Menschen dieser Gruppe können mit etwas Glück bei der Entfernungspauschale etwas aufrunden oder andere unbedeutende Kleinbeträge von der Steuer absetzen, sodass sie durch eine Steuererklärung eventuell etwas Geld zurückbekommen. Mit viel Glück haben sie einen Firmenwagen, den sie privat nutzen können. Spätestens damit endet die Liste.

Das größte Anti-Privileg dieser Gruppe sind die Abzüge vom Lohn und die irreführenden Angaben zum angeblichen Brutto-Lohn. Viele Menschen wissen nicht einmal, dass es eigentlich nicht nur »brutto« und »netto« gibt, sondern noch ein Arbeitgeber-Brutto und ein Arbeitnehmer-Brutto. Bei einem im Arbeitsvertrag ausgewiesenen Gehalt von 3.500 Euro zahlt der Arbeitgeber in Wirklichkeit etwa 25 Prozent mehr, also fast 4.400 Euro, während der Arbeitnehmer nur etwas über 2.200 Euro ausbezahlt bekommt. Was ebenso viele nicht verstehen: Es ist keine »gute Tat« der Politik, den Arbeitgeber zu diesem Anteil zu verpflichten. Die Aufteilung zwischen Arbeitgeber und Arbeitnehmer ist fiktiv. Auch der Arbeitgeberanteil wird vom Arbeitnehmer verdient. Es ist irrelevant, wie man es nennt, zum Schluss werden die gesamten Personalkosten aus der Wertschöpfung des Unternehmens bezahlt. Man kann es nennen, wie man will: Der Kunde beziehungsweise das Produkt bezahlt es. Wer eine geringere Wertschöpfung hat, als er Personalkosten verursacht, wird meist entlassen.

Der Arbeitgeberanteil ist fester Bestandteil der Personalkosten. Er wird entsprechend bei jeder Einstellung berücksichtigt. Und man kann davon ausgehen, dass eine Stelle nur dann besetzt wird, wenn der Wert ihrer Besetzung höher ist als die Kosten der Besetzung. Auch dieser Teil wird von Ihnen verdient. Von wem denn auch sonst? Das Arbeitgeber-Brutto ist daher das wahre Brutto-Gehalt. Sie geben also in Wirklichkeit noch viel mehr von Ihrer Arbeit ab, als Sie auf der Lohnabrechnung sehen. Die hälftige Aufteilung ist nur für den Staat von Vorteil: Dadurch wird weniger ersichtlich, wie hoch die Abzüge sind. Auch die 520-Euro-Jobs beziehungsweise früher 450-Euro-Jobs sind vom Konzept her unsinnig. Der Arbeitgeber zahlt nämlich über 30 Prozent Pauschalbeiträge, während dem Arbeitnehmer vorgegaukelt wird, es gelte »brutto gleich netto«. In Wirklichkeit sind Minijobs auch sehr abgabenintensiv.

Das Gegenteil findet sich etwa bei Bundestagsabgeordneten, hier wirken die Effekte andersherum. Wenn man davon ausgeht, dass von der steuerfreien Pauschale die Hälfte übrigbleibt und man den Wert der Pensionen miteinbezieht, bekommen diese eigentlich das Doppelte von dem, was nach außen präsentiert wird. Statt 10.000 Euro kommt man rechnerisch auf ein Brutto-Äquivalent von 20.000 Euro. Mit steigender Hierarchie kommen immer noch mehr versteckte Privilegien hinzu. Ein Bundesminister verdient rund 20.000 Euro monatlich, dazu kommen aber noch Übergangsgeld und Ruhegehalt. Ich hatte im Kapitel »Die Privilegien der Politik« ausgerechnet, auf welche Beträge man kommt. Das große Problem dieser Privilegien ist die Vergleichbarkeit, oder besser die fehlende Vergleichbarkeit. Durch solche rechnerischen Vorteile ist ein Vergleich auf den ersten Blick unmöglich.

Ebenso fast unanständig finde ich das Beamten-Brutto. Nein, damit meine ich nicht, dass ich die Bezahlung selbst unanständig finde, sondern die Art und Weise, wie auch hier auf den ersten Blick ein falscher Eindruck suggeriert wird. Die Abgaben sind deutlich niedriger und das Netto somit erheblich höher, hinzu kommt noch der Pensionsvorteil. Ohne aufwändige Berechnung sind die Brutto-Beträge also nicht miteinander vergleichbar. Wie ich im Kapitel »Die Privilegien des Staates« gezeigt habe, geht es dabei nicht um kleine Beträge, sondern die Aufschläge, die man vornehmen muss, um einen Vergleichswert zu ermitteln, sind gewaltig.

Die Benachteiligung findet aber tatsächlich nicht nur »nach oben« statt. Auch der Wohlfahrtsstaat ist durchzogen von Nicht-Vergleichbarkeit. Auch Empfänger von Sozialleistungen bekommen zusätzliche Subventionen wie teils erheblich reduzierte Preise für staatliche Dienstleistungen oder Wohnberechtigungsscheine für vergünstigte Wohnungen, die in Summe hohe Beträge ausmachen können. Schaut man sich dann noch die vom Amt übernommene Miete und den Wert der übernommenen Krankenversicherung an, kommt man auf deutlich höhere Beträge als das, was nach außen als Bürgergeld kommuniziert wird. Würde man dies transparenter machen: Es würden noch mehr Menschen nicht arbeiten. Das vergessene Argument des Sozialstaates ist nämlich: Was der eine erhält, ohne dafür etwas tun zu müssen, muss sich ein anderer erarbeiten, ohne es behalten zu dürfen. Wenn man dann noch bedenkt, dass dank hoher Steuern auf Kraftstoff schon der Weg zur Arbeit zu viel Geld kostet – den die Entfernungspauschale nicht ausgleicht, denn sie wird nur für die einfache Entfernung angesetzt, ist in Wirklichkeit also nur halb so hoch –, ist es leider nicht verwunderlich, dass immer mehr Menschen zum Schluss kommen, dass sich Arbeit nicht lohnt. Das System funktioniert aber nur, solange die Werte, die verteilt werden, auch tatsächlich irgendwo entstehen. Dies mag die Rechentricks erklären, mit denen die Privilegien zum großen Teil unsichtbar gehalten werden.

Der Ausdruck »sozial« ist dabei ein positiv besetztes Modewort geworden. Wenn etwas »sozial« sein soll, traut sich keiner, etwas dagegen zu sagen. Dabei ist vieles, das als »sozial« verkauft wird, schlicht ungerecht. Angesichts der derzeitigen Situation müssten Arbeitgeber, Arbeitnehmer und Gewerkschaften eigentlich gemeinsam vor dem Finanzamt streiken. Aus meiner Sicht funktioniert das derzeitige System nur, weil es intransparent ist. Gäbe es einen einheitlichen Vergleichswert, der alle Privilegien auf einen Blick offenbart, müsste das soziale Gefüge neu verhandelt werden. Ich denke nicht, dass es mehrheitsfähig wäre.

Meines Erachtens sollte das Arbeitgeber-Brutto im Arbeitsvertrag ausgewiesen werden müssen, auch Berufspolitiker und Beamte sollten in die Rentenversicherung einzahlen müssen (selbstverständlich bei dann höheren Grundbezügen), und Bedürftige sollten nicht von zahlreichen Ermäßigungen und Sonderregeln profitieren, sondern einen festen Betrag erhalten, der alles abdeckt – und der von jedem Interessierten innerhalb von Sekunden transparent recherchiert werden kann. Und ja, wenn das alles auf dem Tisch liegt, wird es vermutlich Forderungen geben, einige Dinge neu zu regeln. Damit muss man dann leben.

Etwas, das überdacht werden müsste, ist die Benachteiligung von Arbeit als der Hauptbezugspunkt von Besteuerung. Wer eine Million gewinnt, kann sie behalten, wer sie dagegen verdient, muss sie versteuern. Es ist schwer, Wohlstand durch Arbeit aufzubauen. Wenn die Tabaksteuer vom Rauchen abhalten soll, soll dann die Einkommensteuer vom Arbeiten abhalten? Von jedem Euro, der zusätzlich verdient wird, wird ein Großteil wieder abgezogen. Je mehr ein Mensch arbeitet, desto heftiger wird die Progression des Steuertarifs. Man könnte es fast als eine Strafsteuer auf Mehrarbeit bezeichnen.

Die einzige legale Möglichkeit, sich dagegen zu wehren, ist, weniger zu arbeiten – zumindest, wenn man sich das leisten kann. Teilzeitarbeit kann witzigerweise dazu führen, dass Sie einen Anspruch auf Wohngeld bekommen, Ihre Kinder plötzlich doch Bürgergeld oder Leistungen nach dem BAföG beziehen können, Sie vielleicht sogar einfacher eine Wohnung finden, weil Sie einen Wohnberechtigungsschein erhalten, ganz zu schweigen vom sowieso höheren Netto-Stundenlohn. Gesamtgesellschaftlich mag dieser Ratschlag nicht sinnvoll sein, entspricht aber der aktuell geltenden gesetzlichen Realität.

Die Politik sollte sich vor Augen halten, wie wichtig ein gesunder Ansporn und Lust auf Leistung sind. Der Staat zeigt sich nach außen großzügig, erweitert seinen eigenen Apparat und verbessert Sozialleistungen, muss dann aber an anderer Stelle das Geld zusammenhalten und verweist Kinder aus der Mittelschicht für ihr Studium auf ihren Unterhaltsanspruch gegen ihre Eltern. Traurigerweise gibt es dafür in Deutschland nicht einmal ein Familiensplitting. Das bedeutet, der Einkommensteuerfreibetrag und der Vorteil des anfangs niedrigen Steuertarifs nicht arbeitender volljähriger Kinder im Haushalt verfallen und die Eltern müssen ihre Kinder aus ihrem bereits versteuerten Einkommen unterstützen. Aus meiner Sicht ist dies sogar verfassungswidrig. Wenn man die letzte Entscheidung des Bundesverfassungsgerichts zum Ehegattensplitting nämlich wörtlich nimmt, ergibt sich daraus auch die Notwendigkeit eines Familiensplittings. Wer Kind eines Unternehmers ist, könnte seinen Eltern dagegen natürlich einfach eine steuermindernde Rechnung stellen ...

Doch auch dieses Privileg fehlt dem klassischen sozialversicherungspflichtigen Arbeitnehmer wieder. Wenn man sich dann anschaut, dass die Steuereinnahmen bis 2025 auf über eine Billion Euro ansteigen sollen, sieht man, dass Deutschland kein Einnahmen-, sondern ein Ausgabenproblem hat. Mehr Entlastungen für die Basis der Gesellschaft wären daher mehr als wünschenswert – und auch möglich. Das jetzige System aus versteckten Privilegien ist intransparent und ungerecht. Der in Vollzeit arbeitende Angestellte ist aus meiner Sicht derjenige, der am wenigsten vom aktuellen System profitiert.

Eine Schlussbemerkung zu kleinen Selbstständigen, die denken, dass ich sie vergessen hätte: Gerade in wirtschaftlich angespannten Zeiten mögen einige von ihnen sagen, dass sie lieber Angestellte wären, weil dies mehr Sicherheit bietet. Im Abschnitt »Arbeitnehmer in großen Konzernen und staatsnahen Unternehmen« habe ich mich auch mit dem Privileg dieser Form der Sicherheit auseinandergesetzt. Dies gilt aber nicht für alle Angestellten in allen Firmen gleichermaßen. Viele der behandelten Gruppen und Privilegien überschneiden sich natürlich im echten Leben. Man kann als Beamter in die Politik gehen und bei Mandatsverlust wieder »weich« auf seinen Posten fallen, man kann auch als Angestellter von der Steuerfreiheit eines Immobilienverkaufs profitieren, man kann aber auch als Unternehmer aufgrund schlechter Geschäftslage vielleicht gar nicht von den steuerlichen Gestaltungsmöglichkeiten profitieren, sodass man sich im Ergebnis sogar eher zu den Menschen in Notlagen zählt. Die meisten Menschen werden sich zu mehreren der angesprochenen Gruppen zuordnen können. Das Ziel dieses Buches ist auch nicht, diese Kategorien klar voneinander abzugrenzen, sondern gesetzliche Sonderbehandlungen (Privilegien) aufzuzeigen, die einigen mehr und einigen weniger zugutekommen.

Fazit: Politik ist das Problem, nicht die Lösung

Wir leben in einer Gesellschaft, die sich immer mehr in Privilegien verstrickt. Die Politik wird maßgeblich von Parteien geprägt, und diese denken, wie der Name schon sagt, stets parteilich. Sonderinteressen sind daher systembedingt ganzheitlichen Lösungen überlegen. Das bestehende Geflecht aus Privilegien ist intransparent und schwer wieder zu entwirren. Keiner möchte nach einer Reform schlechter gestellt sein als vorher. Und so wird ein inkohärentes System geduldet, dessen Widersprüchlichkeiten zwar offensichtlich sind, die aber aus Angst vor schlechteren Alternativen, Unwissenheit oder Resignation einen stoischen politischen Bestandsschutz genießen. Keiner traut sich, das berühmte weiße Blatt Papier zu nehmen und die Verhältnisse sinnvoll neu zu denken. Ohne Anspruch auf Allgemeingültigkeit ergibt sich für mich folgende »Hierarchie der Privilegien«:

1. Berufspolitiker,
2. Unternehmer,
3. Beamte und staatsnah Beschäftigte,
4. Transferleistungsempfänger,
5. Beschäftigte in der Wirtschaft.

Dabei geht es mir nur um Privilegien, also gesetzliche Bevorzugungen, nicht um das absolute Einkommen oder gar die persönliche Zufriedenheit. Es geht darum, wer mehr bekommt für das, was er geben muss. Als Unternehmer, wenn man es richtig macht, genießt man sicherlich große Freiheit, trägt aber immer auch Risiko. Beim Politiker sehe ich, aus den im Buch genannten Gründen, das beste Preis-Leistungs-Verhältnis – in einem negativen Sinne für die Gesellschaft. Der Politiker orientiert sich, etwas plakativ zugespitzt, bei seiner Bezahlung an einem erfolgreichen Unternehmer sowie bei Risiko und Pensionen an den Beamten. Hierzu sind sicher auch andere Meinungen denkbar. Mir geht es auch gar nicht darum, mit meiner konkreten Reihenfolge recht zu haben, sondern auf die Intransparenz des Systems und insbesondere auf die »vergessene Mitte« der Gesellschaft aufmerksam zu machen, die vom starken Staat zunehmend abkassiert wird, damit dieser regulieren, subventionieren und vor allem Privilegien verteilen kann – eine teure Fehlentwicklung.

> *»Ein Großteil der sogenannten ›sozialen Probleme‹ erklärt sich daraus, dass Intellektuelle Theorien entwickeln, die nicht mit der realen Welt übereinstimmen. Daraus schließen sie, dass die reale Welt fehlerhaft ist und verändert werden muss.«*
>
> THOMAS SOWELL

Entscheidend für diese Entwicklung ist das Missverständnis, der Staat sei grundsätzlich gut. Er ist aber zunächst einmal nur ein formales Konstrukt wie ein Unternehmen. An diesem Konstrukt ist nicht alles schlecht, aber es ist sehr teuer, weil es sehr groß ist. Das Vorurteil, weniger Staat werde nur von unsozialen, gierigen, kaltherzigen, egoistischen, empathielosen Menschen gefordert, lässt sich nur damit erklären, dass die Wirkungsweisen der Ökonomie gänzlich ausgeblendet werden oder nicht bekannt sind. Das

Gegenteil ist der Fall. Jeder Mensch weiß, dass Monopole nicht gut, sondern schädlich für die Konsumenten sind, jedoch wird diese Erkenntnis ignoriert, sobald der Monopolist »Staat« heißt. Dabei sieht man sehr oft, dass eine ausgeprägte staatliche Dominanz, zum Beispiel im Gesundheitswesen oder in der Bildung, zu hohen Kosten bei geringer Qualität führt. Der freie Markt dagegen muss effizient, innovativ und kundenorientiert arbeiten. Das führt folglich zu niedrigeren Preisen bei einer höheren Qualität. Davon profitieren insbesondere ärmere Menschen. Wenn das Einkommen durch geringere Abgaben steigt, während die Produkte und Dienstleistungen günstiger werden, können sich auch die Geringverdiener alles leisten, was sie zum Leben brauchen. Die Armut konnte weltweit durch marktwirtschaftliche Reformen massiv zurückgedrängt werden. Effizienz ist nicht die Erfindung »böser Kapitalisten«, sondern nachhaltig im engeren Sinne. Effizienz ist gut. Dieses Verständnis geht mehr und mehr verloren. Marktwirtschaft bedeutet neben freiem Verkehr und Handel von Waren und Dienstleistungen auch, dass sich jeder an Unternehmen und ihren Gewinnen beteiligen kann. Fast jeder Mensch kann an der Börse mit kleinsten Beträgen Anteile an Unternehmen erwerben und ist dann Mitinhaber dieser Unternehmen. Die Marktwirtschaft ist hochgradig inklusiv – ohne dass man ihr dies vorschreiben müsste. Wer es kann, sollte sparen und investieren, statt nur auf den Staat zu vertrauen. Der Markt belohnt Menschen, die gute Waren oder Dienstleistungen anbieten oder ihre Werte intelligent investieren.

»Politik wäre eine überflüssige Aktivität und die Ökonomik würde zu ihrer wissenschaftlichen Behandlung ausreichen.«

ANTHONY DE JASAY

Das Gegenteil einer Marktwirtschaft ist die Planwirtschaft. Witzigerweise wirkt die Marktwirtschaft immer nur zwischen den verschiedenen Wirtschaftssubjekten. Nach innen agiert ein Wirtschaftsakteur durch seine Entscheidungen meist planwirtschaftlich, abgesehen von bestimmten Anreizsystemen, die auch nach innen marktwirtschaftliche Elemente aufweisen können. Je besser der innere Plan, quasi die DNA des Unternehmens, desto mehr Erfolg hat es auch in der Außenwelt, also am Markt. Kleinere Einheiten mit weniger Entscheidungsebenen reagieren dabei meist schneller und bringen Innovation, während große Einheiten beständiger sind. Manche Modelle kombinieren beide Ansätze, etwa Franchisesysteme, bei denen ein zentrales Element durch dezentrale Elemente ergänzt wird. Der Staat ist im doppelten Sinne planwirtschaftlich. Er ist einerseits sehr groß, viel größer als jedes Unternehmen sein könnte, sodass die innere Planwirtschaft besonders lähmend und teuer ist, auch wenn föderale Elemente dies abmildern können. Er greift andererseits aber auch durch seine Gesetze in den Markt ein, was in Teilen auch zu einer äußeren Planwirtschaft führt und die DNA der Unternehmen verändert. Dieses Gebilde namens Staat fördert naturgemäß Planwirtschaft, wenn es zu groß wird – und zwar ohne böse Absicht. Ein Konstrukt kann erst einmal auch gar keine Absicht haben. Eine starke zentrale Instanz wird aber immer glauben, dass eine starke zentrale Instanz sinnvoll sei.

»Früher haben die Sozialisten die Unternehmen einfach verstaatlicht. Heute wird die Planwirtschaft nicht mehr durch Verstaatlichungen eingeführt, sondern dadurch, dass die Politik den Unternehmen immer stärker hineinredet und sie durch Steuerpolitik, Arbeitsmarkt-

politik, Regulierung, Subventionen, Ge- und Verbote ihrer Handlungsfreiheit beraubt.«

Dr. Dr. Rainer Zitelmann

Menschen, die den Markt als unsozial und den Staat als sozial ansehen, übersehen bei dieser Illusion, dass auch die Politik und damit der Staat aus Menschen besteht. Es entsteht ein Markt der Macht, dessen Folgen oft deutlich ungerechter sind als ein Markt des wirtschaftlichen Austausches. Die Begrenztheit zentraler Planung wird nicht gesehen. Selbst Karl Marx ging zumindest noch davon aus, dass Zentralverwaltungswirtschaft tatsächlich die bessere Ökonomie sei. Dies ist seit 1922 durch Ludwig von Mises und seine Untersuchung der Gemeinwirtschaft meines Erachtens wissenschaftlich (und auch praktisch) widerlegt. Der Wunsch nach Umverteilung wird dann gefährlich, wenn er sich nicht nur auf sehr hohe Renditen aus Vermögen bezieht, sondern konkret Mut, Leistung und Verantwortung bestraft. Wer hart arbeitet, wird irgendwann seine Leistung reduzieren oder das Land verlassen.

> »Wir sind darauf konditioniert worden zu glauben, dass nur Politiker unsere Probleme lösen könnten. Aber irgendwann werden wir vielleicht aufwachen und erkennen, dass es vor allem Politiker waren, die unsere Probleme geschaffen haben.«
>
> Ben Carson

Die Staatsverliebtheit war mir aus diesem Grund immer ein Rätsel. Charmant finde ich dagegen Modelle wie Spitzbergen. Dort herrscht Visafreiheit. Jeder darf dorthin kommen, aber es gibt auch keinen Anspruch auf Hilfe. Wer sich nicht versorgen kann, muss das Gebiet wieder verlassen. Entsprechend entfällt auch die Notwendigkeit für zusätzliche Politiker und Beamte, die sich nur mit diesem Thema beschäftigen – denn die »Interessenvertreter« mit Spitzengehältern der angeblich Benachteiligten sind sowieso am schlimmsten. Diese Leute denken, sie hätten mehr Sachverstand als die Ökonomen, seien Kämpfer für die Gerechtigkeit, die Retter der kleinen Leute und anderen Menschen moralisch überlegen, in Wirklichkeit verschenken sie nur fremdes Eigentum, um sich gut zu fühlen und sogar einen Teil davon zu behalten – dieses Geschäftsmodell finde ich unredlich. Ehrlicher würde ich eine private Arbeitslosenversicherung finden. Es gibt so viele Versicherungen, die freiwillig sind und trotzdem von den Menschen nachgefragt werden.

> *Der Grund, weshalb wir wollen, dass sich die Menschen allein für ihr Handeln verantwortlich fühlen, ist, dass dies ihre Aufmerksamkeit auf jene Umstände lenkt, die von ihrem Handeln abhängen. [...] Die Alternative zu dem Druck der Verantwortlichkeit für das eigene Schicksal ist der viel schlimmere Druck von Befehlen, denen der einzelne gehorchen muss. [...] Die immer stärker werdende Forderung nach Sicherheit und Schutz vonseiten der unpersönlichen Gewalt des Staates ist zweifellos in großem Maße ein Ergebnis des Verschwindens jener engeren Interessengemeinschaften und des Gefühls einer Isolierung des einzelnen, der nicht mehr auf das persönliche Interesse und die Hilfe der lokalen Gruppe zählen kann.«*
>
> FRIEDRICH AUGUST VON HAYEK

Auch hierzulande sollte man manche Themen mutiger angehen und vielleicht ein bisschen von Spitzbergen lernen. Ja, ein bisschen, das würde schon reichen. Die Sozialstaatsquote in Deutschland steigt, trotzdem werden die Kosten weiter rapide in die Höhe getrieben. Asylsuchende etwa dürfen oftmals gar nicht arbeiten. Nach einer eher kosmetischen Anpassung ist dies nun nach 6 statt nach 9 Monaten möglich, außerdem soll eine Zustimmung zur Beschäftigung im Regelfall erteilt werden. Ich verstehe ehrlich gesagt nicht, warum sich dort eine Behörde einmischen muss. Wenn sich ein Mensch aus eigener Kraft mit legaler Arbeit versorgen kann, sehe ich nicht, wozu dieser Mensch die Arbeitserlaubnis eines Beamten benötigen sollte. Bis alle Papiere ausgefüllt sind, zwingt der Staat sogar Menschen zum Sozialleistungsbezug. Hier wäre definitiv Raum für mehr Freiheit.

> *»Der Mensch reift, wenn er aufhört zu glauben, dass die Politik seine Probleme löst.«*
> Nicolás Gómez Dávila

Das Missverständnis des Politischen liegt in der nicht ganzheitlichen, sondern parteilichen Betrachtung. Wir sehen eine Dokumentation über ein Löwenrudel und freuen uns, wenn die hungrigen Tiere eine Antilope reißen. Schauen wir aber eine Dokumentation über Antilopen, sind wir geschockt vom Anblick des Löwenrudels. Viele Menschen klagen über den teuren Staat, fordern dann aber mehr Sozialleistungen oder andere Almosen als Privilegien. Mehr Leistungen kosten aber auch mehr Geld, zum Schluss bezahlt von allen. Wer fordert, kostenlos mit dem Bus fahren zu dürfen, sollte sich fragen, ob er den Bus auch kostenlos als Fahrer fahren würde. Solange der schenkende Staat aber als ein Buffet betrachtet wird, bei dem Maß und Zurückhaltung unangebracht sind, nehmen Privilegien und Planwirtschaft zu.

Vielleicht erinnern Sie sich an die Insel, die ich anfangs als Beispiel verwendet habe. Dort konnte man gut sehen, wie Freiheit immer auch zu Ungleichheit führt. Selbst als sich alle einmal über die Spielregeln einig waren, war für die unteren 50 Prozent ein »Reset« und die Forderung nach Gleichheit durch staatliche Gewalt attraktiv. Dieses Dilemma ist nicht lösbar. Not ist aber kein Einwand gegen Freiheit, dagegen, Hindernisse zuzulassen. Freiheit kann nur bedeuten: Freiheit von Zwang, im Sinne einer negativen Freiheit. Die Freiheit durch den Staat, auf die ein Anspruch besteht, dass sie einem erbracht wird, kann auf Dauer nicht funktionieren. Der Sozialstaat tötet letztlich das echte Soziale. Schon Wilhelm von Humboldt zweifelte an diesem Modell des Wohlfahrtsstaates. Ein großes Problem der Umverteilung ist dabei, wie auch am Insel-Beispiel aufgezeigt, dass es zusätzlich die Umverteiler als eine eigene Berufsgruppe legitimiert. Dadurch entstehen dann die Privilegien der Politik.

> *»Man kann nicht darüber hinwegsehen, dass immer mehr nachdenkliche und wohlmeinende Menschen langsam ihren Glauben an das sie einst beflügelnde Ideal der Demokratie verlieren.«*
>
> FRIEDRICH AUGUST VON HAYEK

Diese ungesunde Symbiose mündet in mehr Forderungen und mehr Angeboten im Wahlkampf und damit letztlich in eine Expansion des Systems. Die Demokratie, in der Entscheidungen mit Mehrheiten von 51 Prozent möglich sind, ist leider anfällig für diese Spirale aus: »Wer bietet mehr?«. Daher ist ein starker Rechtsstaat so wichtig. Alle Macht, auch demokratische, muss beschränkt werden. Der Rechtsstaat ist das Gegengewicht zur Demokratie. Es fällt vielen schwer, das zu verstehen, doch der Sinn von Recht ist Minderheitenschutz. Die Mehrheit bedarf zu ihrem Schutz zumeist gar keines Rechts. Recht schafft eine verlässliche Grundlage gemeinsamen Handelns außerhalb von Mehrheiten. Gerade weil Recht oft durch Mehrheiten geschaffen wird, darf die Auslegung desselben nicht auch durch Mehrheiten gesetzt werden. Daher haben im Zusammenspiel aus Recht und Demokratie die Grundrechte sowie die Gewaltenteilung eine so wichtige Rolle, auch wenn Letztere leider in Deutschland nur eingeschränkt vollzogen wird. Ein Effekt der Demokratie ist, dass Macht als weniger bedrohlich wahrgenommen wird, da man selbst wählt und potenziell gewählt werden könnte. Trotzdem ist die Macht vorhanden. Mehr politische Bildung und Verständnis für Zusammenhänge sowie weniger haltlose Versprechungen im Wahlkampf könnte meines Erachtens die direkte Demokratie bringen. Trotz großer Ablehnung in politischen Kreisen sind alle Argumente gegen eine direkte Demokratie eigentlich unsinnig, da sie auch Argumente gegen die Demokratie allgemein wären. Wer sagt, Lobbyisten könnten Wähler beeinflussen, verkennt, dass sie sonst Politiker beeinflussen. Wer sagt, Menschen könnten zu dumm sein, in einer Sache zu entscheiden, verkennt, dass sie dann auch zu dumm wären, gute Repräsentanten zu wählen.

»Die Regierung ist nicht die Lösung unseres Problems. Sie ist das Problem.«
RONALD REAGAN ZUR AMTSEINFÜHRUNG
AM 20. JANUAR 1981

Gier nach Privilegien

Die Jugendorganisation der SPD fordert, etwa 60.000 Euro an jeden 18-Jährigen auszuzahlen. Leider hat es sich etabliert, solche Vorschläge in unserer Demokratie einfach in den Raum stellen zu dürfen. Der ein oder andere mag sich davon sicher angesprochen fühlen. Um einige Stimmen zu bekommen, mag diese Taktik daher funktionieren. Ich bezweifle aber, dass sich – nach ausreichender Information – eine Mehrheit der Bevölkerung dafür aussprechen würde. Eine solche Idee würde verpuffen. Im aktuellen System kann man sie aber über Jahre hinweg vortragen und so tatsächlich einige Stimmen aus dem eigenen Lager mobilisieren. Politik wird so zur Show, in der dreiste Vorschläge zur Währung werden und Politiker zunehmend entgegen aller Vernunft auf der Suche nach Profilierung sind.

> *»Wir Deutschen sind stolz auf unsere Demokratie, aber der Geist der Freiheit ist uns suspekt. Wir verorten Parteien nach Kategorien wie ›links‹ oder ›rechts‹. Aber nicht danach, ob sie sich einmischen oder nicht. Die Vorstellung, dass sich die Politik aus vielen Dingen einfach nur heraushalten sollte, dass ein Land mit deutlich weniger Regelungen deutlich besser laufen könnte, wird von vielen als völlig absurd abgetan. Und ja, wir haben (immer noch) ein gutes soziales Netz in Deutschland. Gleichzeitig hat der hohe Grad an Rundumversorgung auch eine Kehrseite: Er hält Menschen in Abhängigkeiten. Und er schwächt ihren Drang, Verantwortung für sich selbst zu übernehmen. Ein allmächtiger Staat ist ein gefährliches Spielzeug. Er wird benutzt, um Kriege zu führen, Volkswirtschaften zu ruinieren, Ideologien durchzusetzen und die Herrschenden zu bereichern.*

> *Kann irgendjemand nach einem Jahrhundert mit Hitler, Mao oder Stalin behaupten, dass zu wenig Staat gefährlicher ist als zu viel?«*
>
> VINCE EBERT

Nach diesem Blick auf unser politisches System und seine Privilegien möchte ich meine These vom Anfang wiederholen: Es gibt keine bessere Politik. Besser ist nur weniger Politik. Der Staat muss nicht jedes Unternehmen retten, jedem Bürger den Weg vorgeben und zum Schluss sogar entscheiden, ob Supermärkte eine Toilette brauchen oder nicht (was wieder irgendjemand zahlen müsste). Nein, die Politik sollte lieber zur Abwechslung den Rückwärtsgang einlegen. Wer es nicht kann, sollte es lassen. Man muss der Politik und den Bürokraten Privilegien entziehen, statt diese auszuweiten. Macht und das Monopol auf diese Macht sind das Problem. Bürokratie ist nicht unser Freund und Retter, sondern in vielen Fällen Verursacher der Probleme. Sie ist immer langsamer als der Markt. Das ist fast ein Naturgesetz. Wer diese Einsicht noch nicht aus persönlicher Erfahrung gewinnen konnte, braucht nur Überschriften wie »Köln schafft analoge Faxgeräte ab – bis 2028«[16] oder Sätze wie »Nach dem Ausfüllen des Online-Antrags wird automatisch ein einseitiger Kurzantrag erstellt. Diesen drucken Sie bitte aus«[17] zu lesen. Auch die Corona-Zeit offenbarte, wie Bürokratie tickt, nämlich nicht richtig. Tagsüber durfte man sich in einem Konferenzraum im Hotel aufhalten, abends an der Hotelbar mit anderen zusammensitzen, aber nachts unter Strafandrohung nicht im Einzelzimmer über-

---

[16] *Spiegel*, 19.09.2023
[17] Zum Beispiel hier: https://www.berlin.de/ba-charlottenburg-wilmersdorf/verwaltung/aemter/jugend/kinder/artikel.205939.php

nachten. Man kann sagen, dies seien nur Einzelfälle. Sie zeichnen jedoch seit Jahrzehnten ein klares Gesamtbild.

> *»Dem Kapitalismus wohnt ein Laster inne: die Verteilung der Güter. Dem Sozialismus hingegen wohnt eine Tugend inne: die gleichmäßige Verteilung des Elends.«*
>
> WINSTON CHURCHILL

Gegen viel Staat zu sein ist aktuell wenig in Mode. Dabei führen viel Staat und viel Politik zu viel Machtbündelung und Privilegien. Ein Privilegiensystem ist das Gegenmodell zu viel Freiheit und viel Marktwirtschaft. Dieser Gedanke ist historisch noch recht neu. Die Geburt von Adam Smith, dem Begründer der Nationalökonomie, ist gerade erst einmal 300 Jahre her. Der Liberalismus war im vorvorletzten Jahrhundert ursprünglich eine Bewegung für die einfachen Leute – gegen die Aristokratie. Ohne diese Bewegung würden wir vermutlich noch mit Kutschen fahren, um das Privileg der staatlich beauftragten Firma für die öffentliche Beseitigung von Pferdemist nicht infrage zu stellen. Der Markt dagegen ist tägliches Plebiszit über Unternehmer, die der Gesellschaft durch ihre Tätigkeit dienen. Diese Menschen müssen nichts »zurückgeben«, wie die moderne linke Politik oft behauptet, die davon lebt, Wirtschaftlichkeit und Soziales als angeblichen Widerspruch gegeneinander auszuspielen.

> *»Liberalismus ist der maximale uneingeschränkte Respekt vor dem Lebensprojekt anderer, basierend auf dem Prinzip von Leben, Freiheit und Privateigentum.«*
>
> JAVIER MILEI

Der inflationär verwendete Begriff der »sozialen Gerechtigkeit« sollte gesellschaftlich neu definiert werden. Wohlstand sollte nicht als ungerecht angesehen werden, sondern als Maß, wie viel Gutes ein Mensch in der Welt getan hat. Politik und Herrschaft über andere sollten dagegen mehr hinterfragt werden. Damit will ich nicht sagen, dass die Wirtschaft aktuell nicht auch Teil des Privilegiensystems ist. Auch Unternehmer profitieren von Subventionen, legalen Steuertricks und können sich aus dem staatlichen Gesundheits- und Rentensystem ausklinken. Daher habe ich auch versucht, in diesem Buch alle Seiten zu beleuchten.

Aber die Quelle dieser Privilegien ist Politik. Daher sollte man sie beschränken. Die massive Parteienfinanzierung, aber auch die Parteienoligarchie und ihr Nominierungsmonopol gehören aufgeweicht. Die Probleme des Geldsozialismus dürfen nicht mehr der Marktwirtschaft zugeschrieben und für den Ruf nach Regulierung und Aktionismus missbraucht werden. Der Zentralbankchef sollte bei hoher Inflation automatisch seinen Job verlieren oder die Bürger sollten freie Währungswahl haben. Es sollte nur das Geld ausgegeben werden dürfen, was auch vorhanden ist, außer die Opposition stimmt zu – denn Schulden zu machen bedeutet im Grunde genommen, das Geld der nächsten Regierung auszugeben, die noch gar nicht demokratisch gewählt wurde. Auch im Sozialrecht sollte das Prinzip gelten: eine transparente Summe, keine Extras. Der öffentlich-rechtliche Rundfunk sollte verkleinert, demokratisiert und förderungswürdige journalistische Projekte auf breiter Basis durch die Schwarmintelligenz der Nutzer ausgewählt werden – statt der geplanten staatlichen Förderung der Lokalpresse, die nur wieder ein neues Privileg wäre. Das Parallelsystem aus Pensionen und Rentenversicherung gehört verschmolzen. Privilegien sollten großflächig im Sinne einer transparenten Gesellschaft abgebaut werden. Auch wenn dies in diesem Ausmaß eine Illusion bleiben dürfte, möchte ich mit diesem Buch konkrete Ideen, aber auch allgemeine Denkanstöße in den Umlauf und in die Köpfe bringen.

> *»Freiheit und Selbstbestimmung sind die Voraussetzungen für ein Leben in Würde und Glück. Wir wollen in Ruhe gelassen werden von den Zumutungen einer übergriffig gewordenen Obrigkeit. Wir wollen nicht wie unmündige Kinder behandelt werden. Wir wollen frei sein und unser Leben selbst bestimmen. Wir wollen einfach sein.«*
>
> GUNNAR KAISER

Haben Sie Interesse an unseren Büchern?

....

Zum Beispiel als Geschenk für Ihre Kundenbindungsprojekte?

Dann fordern Sie unsere attraktiven Sonderkonditionen an.

Weitere Informationen erhalten Sie bei unserem Vertriebsteam unter **+49 89 651285-252**

oder schreiben Sie uns per E-Mail an:
vertrieb@m-vg.de

FBV
www.finanzbuchverlag.de